分身

元宇宙艺术的打开方式

高登科 柳志伟 李春光 著

中国出版集团
中译出版社

图书在版编目（CIP）数据

分身：元宇宙艺术的打开方式 / 高登科，柳志伟，李春光著 . -- 北京：中译出版社 , 2022.10
ISBN 978-7-5001-7193-5

Ⅰ . ①分… Ⅱ . ①高… ②柳… ③李… Ⅲ . ①信息经济②艺术理论 Ⅳ . ① F49 ② J0

中国版本图书馆 CIP 数据核字（2022）第 174803 号

分身：元宇宙艺术的打开方式
FENSHEN: YUANYUZHOU YISHU DE DAKAI FANGSHI

著　　者：高登科　柳志伟　李春光
特约策划：徐远龙
策划编辑：于　宇　田玉肖
责任编辑：于　宇
文字编辑：田玉肖
营销编辑：马　萱
出版发行：中译出版社
地　　址：北京市西城区新街口外大街 28 号普天德胜大厦主楼 4 层
电　　话：（010）68002494（编辑部）
邮　　编：100088
电子邮箱：book@ctph.com.cn
网　　址：http://www.ctph.com.cn

印　　刷：北京中科印刷有限公司
经　　销：新华书店
规　　格：710 mm × 1000 mm　1/16
印　　张：22.5
字　　数：240 千字
版　　次：2022 年 10 月第 1 版
印　　次：2022 年 10 月第 1 次印刷

ISBN 978-7-5001-7193-5　　　定价：89.00 元

版权所有　侵权必究
中　译　出　版　社

编写委员会

李　睦　柳志伟　邓　迪　李　伟　马继东
李春光　管林俊　肖恒印　孙玉洁　王子云
李　祯　邓　超　卢玉琪　李骏翼　高登科
武筱漩　罗　飞

课题组

李　睦　柳志伟　邓　迪　李春光　孙玉洁
王子云　李　祯　邓　超　卢玉琪　李骏翼
高登科　武筱漩

支持单位

清华大学美术学院社会美育研究所
元宇宙三十人论坛
华科资本有限公司
太一灵境
广州欢乐童年科技有限公司
人学国际基金会
六合（北京）数字经济科技有限公司

序 一

  元宇宙这个概念既是很多人想说清楚的,也是很多人想弄明白的。科学家想说清楚它,因为这已经不是他们曾经认识的科学;艺术家想讲明白它,因为这已不同于他们以往了解的艺术。至于读者和更多其他人,他们更希望通过这个机会进一步认识科学,再一次认识艺术,甚至期望艺术和科学能够被重新定义,并借此拓展他们深陷其中且习以为常的生活。如今,元宇宙以前所未有的方式为时间和空间敞开了大门,这种容纳不只针对我们的现在,也针对我们的未来,甚至针对我们的过去。这些时空里曾存放着无尽的期待、寄托和想象,这些期待、寄托和想象有可能是传承性的,也有可能是颠覆性的,并且会引导我们不断地超越已知的范围,进而到达那些未曾知晓的边界。这是元宇宙能够引人注目的主要原因。

  说元宇宙是一个已知的领域,这并不准确;说元宇宙是一个未知的领域，这也并不恰当。元宇宙应该是一个建立在未知世界上的已知世界，同时也是一个建立在未知世界与已知世界之间的变换的世界。变换已知和未知的属性，让已知成为未知，让未知成为已知；变换时间和空间的属性，使时间成为空间，使空间成为时间。或许今后变换的世界将成为我们生活的常态，以至于我们能够拥有一个崭新的过去，拥有一个古老的未来，甚至拥有一个无法描述和定义的现在。或许我们已经在改变了，而改变了的我们又在尝试改变这些改变本身。不是元宇宙能奈我何，而是我又能奈元宇宙何。

不能只是在虚拟的世界中做现实的事情，更不能只是在现实的世界中做虚拟的事情，因为这是对元宇宙简单化和概念化的理解。元宇宙已经永久性地消除了现实和虚拟之间的隔阂，使得我们挣脱了来自这两个世界的双重束缚，我们也不再执着于其中任何一方。虚拟不再是对现实的逃避，现实也不只是对虚拟的实现，现实和虚拟的定义正在发生转换，现实可以成为虚拟，虚拟也正在变为现实。虚拟之所以为虚拟，是因为它的自由；现实之所以为现实，是因为它的具体。它们共同的存在价值，就在于相互揭示彼此。这是一种内在世界和外在世界之间的相互照应，最好是能有更多的人懂得它。

此书的作者是几位年轻人，他们正处于虚拟与现实交融的空间，也处于艺术、哲学与科学交融的时代，他们率先思考了"元"本身，进而思考了"宇宙"本身，从此开始了对于元宇宙理念和实践的本质思考。他们从艺术、哲学、科学等领域的意义入手，尝试分析它们的多重性、可变性以及不可知性；他们以现实世界的方式处于数字世界的时空当中。也许他们还不知道，自己已经身处一个完全不同于以往的世界中，这样的研究，究竟是回归，是发展，还是本源的艺术、哲学和科学？

李　睦
2022 年 9 月

序 二

元宇宙其实并不是一个新的概念，而是经典概念的重生，它重新定义了新技术，甚至重新定义了艺术与科学。随着元宇宙在云计算、人工智能、区块链等方面不断拓展深入，它带给我们的是新的机遇与希冀。

如我们所知，元宇宙大体经历了三个历史阶段：第一个阶段是以文学、艺术、宗教为载体的古典形态的"元宇宙"；第二个阶段是以科幻和电子游戏形态为载体的新古典"元宇宙"；第三个阶段则是以"非中心化"游戏为载体的高度智能化形态的"元宇宙"。与其说人们对于元宇宙有着无尽的畅想，不如说人们对于无尽的未知世界有着渴望与好奇，正如初生的孩童好奇这个世界一般。元宇宙再次拓宽了人们对于艺术、生活以及科学的探索视角，加深了"艺术＋科学""艺术＋产业"等领域的融合与发展。元宇宙颠覆了我们的既有认知，一切不可能仿佛都成为可能，而这些可能性存在着更多等待我们探索的未知，让我们能够领略新世界的多元性与科幻性。

至本书完成之前，市面上所出售的元宇宙相关的书籍更多的是从技术或是产业着手，少有与艺术、文化相结合的内容来为大众阐释艺术与元宇宙的关系，所以落实本书的初衷，也是希望会带给读者新的体悟，开启一段创造性之旅，从艺术的视角感悟元宇宙的科幻魅力，也带着元宇宙世界赠予我们的科技感去欣赏艺术更为丰富的呈现形式。

艺术向元宇宙世界进行不同维度的延伸，引发着更深层次的思考与想象，新技术向我们描述着现实与虚幻的融合，向我们提供触摸宇宙未知边界的能力。我们依赖技术，却不被技术所牵制；我们仰望艺术，同样也在不断拓宽艺术的边界。艺术与科技、艺术与生活、科技与生活，一切相互依存、完美融合，使我们沿着前人智慧的车辙不断向前迈进，厘清了现实与虚拟的区别，分辨了技术与艺术的关系，同时也更真切地观察与审视了自我。

最后，我要感谢课题组的全体成员和直接参与本书撰写工作的成员。本书主体部分共分为六个章节：第一、六两章由清华大学美术学院社会美育研究所学术主持高登科和华科资本的研究团队共同完成；第二章由清华大学美术学院博士王子云协助作者团队完成；第三章由西工大太仓长三角研究院国际设计研究中心高级顾问孙玉洁协助作者团队完成；第四章由澳门科技大学博士李祯协助作者团队完成；第五章由独立导演、清华大学美术学院社会美育研究所学术委员邓超协助作者团队完成。附录一及附录三由人学国际基金会秘书长李春光完成,从哲学、科学以及伦理起源三个角度详细地追溯了元宇宙的根系脉络。附录二"元宇宙美育实践手册"的视觉部分由宝贝计画创始人杨帅老师与梁丽平、毛鑫苑两位老师共同绘制;文字内容由《元宇宙教育》《家庭教育心法》作者、清华大学美术学院社会美育研究所学术委员李骏翼老师撰写。

柳志伟
华科资本有限公司董事会主席

序 三

元宇宙人，会是一个新的物种吗？

有观点认为，从猴子到贾宝玉，代表了人类自身叹为观止的进化历程。那么从贾宝玉这样的古典人，到未来纯粹的元宇宙人，中间所将要经历的变化，恐怕也同样让人敬畏。

盗火者从奥林匹斯众神那里盗取了火种帮助人类，注定了诸神的黄昏，而如今，科学家正在夜以继日地将超越自身种族的学习能力教授给"嗷嗷待哺"的AI，不顾人类还能拥有多久"万物灵长"的荣光。

曾经让我们骄傲无比的所有文明的皇冠，正被人类一个个地传递给AI，不管是下棋，还是指挥作战；不管是作曲，还是作画；不管是驾驶飞机，还是开车在大街小巷穿梭；甚至编写程序，发现数学定理，破解基因数据，这些在过去我们认为需要高度智能、高度想象力和创造力的事，也都正在被AI一项项接手。

那么剩下的问题，很快将不再是我们如何与 AI 共存，而是我们凭什么与 AI 共存？AI 在夺走我们引以为傲的成就和赖以生存的工作的同时，又给我们带来了什么样的可能？人类社会目前重要的问题之一就是人类与 AI，即我们与我们所创造出来的"奇怪的孩子"之间的关系。

《明朝那些事儿》的最后一个章节写到徐霞客的一生，作者写道："我之所以写徐霞客，是想告诉你，所谓百年功名，千秋霸业，万古流芳，与一件事情相比，其实都算不了什么，这件事情就是——用你喜欢的方式度过一生。"

这段话让我印象很深刻，在人生的短暂旅程中，我们认为是终极目标、终身孜孜以求的东西，往往会变成耗尽你自身的附骨之疽，我们特别害怕失去、日日惴惴不安的，其实也不过是纤芥之疾。终究还是那种简单的、纯粹的、不附加条件的喜欢，胜过一切。那是被编写在基因中的所谓宿命的东西。能够追寻到自己喜欢的东西，并且能够伴随一生，这才是每个人的终极梦想。而这却是 AI 目前所不具备的。

只是可惜，虽然我们每个人都有自己生下来应该完成的使命，但是成功作为一种偶然，实在是过于稀缺，正常来说，我们终其一生都无法完成。哪怕是贩夫走卒，他也可能是被时运所耽误的英雄（否则我们无法解释为什么在刘邦出生的乡里，能凑齐大汉开国的元勋）。我们变得越来越复杂，当年鲜衣怒马、仗剑而行的少年郎，眼看着变成了低眉顺眼、人情世故周全的普通人。谁不想仰天大笑出门去？可是真正自由的又有几人？

当我看到"分身"这个词的时候，我想到的是元宇宙可以让我们重新变得简单、单纯。不知道你们有没有发现，每一个第一次戴上VR头显的玩家，不管他是什么年龄，是什么阶层，他都会像一个第一次来到海边的孩子一样感到新奇。他要重新学习怎样去看，怎样去行走，怎样去触摸，一个全新的世界等着他去发现和探索，他会发自内心地感到惊讶、恐惧、狂喜，找回第一次跌倒，第一次走夜路，第一次初恋的感觉。那种冲动原始而本真，也正是元宇宙的魅力所在。

最复杂的技术，却是为了给我们带来最原初的反馈。在元宇宙里，AI不会成为我们的老板，而是为了满足和提升我们自身而服务。元宇宙让我们有机会摆脱过去千年以来强加于人的种种枷锁，弥补我们的缺憾，让我们在万千个世界里重新活过，让我们变得全然圆满。在我看来，也许只有当我们全部借助AI，历练和圆满自身之后，我们才能有机会去窥探真正的意义所在。

邓　迪

北京太一云技术有限公司董事长

目 录

第一章
分身的潜能：自我的"图层"序列

第一节	认识你自己：自我与镜像	005
	一、影子：洞窟壁画中的寓言	005
	二、镜像：形象脱离影子之后	008
	三、自我与镜像的反转	014

第二节　自我景观化：图像漫游者　　021
　　一、显影：光之人　　022
　　二、定影：自我的定格　　023
　　三、重影：多重曝光　　030

第三节　自我即分身：影像的迷宫　　034
　　一、自我即媒介　　035
　　二、生命的未来图景　　036
　　三、上载与上坠　　038

第二章
分身的观念：技艺之火的蔓延

第一节	分身的观念与视觉的技术化	047
第二节	画家之手与镜头之眼的分离	049
	一、从透视法到摄影术	049
	二、镜头之眼的新时空	052
第三节	技术物与身体的延伸	056
	一、所有演示之母	056
	二、蜂鸟与磁铁	059
第四节	虚拟现实的千身千面	063
	一、重组的现实	063
	二、再入"洞穴"	066
第五节	艺术世界的分身与元宇宙	072
	一、元宇宙重塑的艺术世界	072
	二、火焰中的重生？	077

第三章
分身的媒介：忒修斯之人终归何处

第一节　分身即媒介　　　　　　　　086
　　一、只缘身在比特中　　　　　　087
　　二、人人都是了不起的小蚂蚁　　089

第二节　分身的时空之旅　　　　　　093
　　一、时间是一场幻觉吗　　　　　094
　　二、时空的无尽纠缠　　　　　　097

第三节　分身的景观世界　　　　　　099
　　一、像素"超本质"　　　　　　　100
　　二、帧数"加速度"　　　　　　　102

第四节　我是谁　　　　　　　　　　106
　　一、"我"的改变与扩展　　　　　109
　　二、从多感官体验到超感官体验　112
　　三、原子还是比特　　　　　　　114

第四章
重塑分身：艺术分身的 N 种形式

第一节	Web 3.0 与分身的形式	123
第二节	社交媒体的虚拟人	127
	一、初始的数字分身	128
	二、虚拟文化下的新偶像	133
第三节	元宇宙搭建热下的造物者	140
	一、从《第二人生》到"月球漫步"	142
	二、从"人民城寨"到"动森艺术祭"	146
第四节	元宇宙的"物"——NFT 与元宇宙关怀	151

第五章
虚拟肉身：分身与数字世界的互动

第一节　寻找"天梯"：与精神世界直接对话的狂想　164

第二节　梦境捕捉器：想象力再现的技术革命　167
一、当人类第一次看见地球　168
二、欢迎来到《侏罗纪公园》　171
三、《阿凡达》的双重"分身"　172
四、《曼达洛人》的虚拟"肉身"　174
五、打开"元宇宙美育"任意门　176

第三节　最终幻象——元宇宙的观看之道　181

第六章
无限分身：光、黑盒子与莫比乌斯空间

第一节　分身的绵延：神圣之光与自由之光　187
一、自然光与圣体　188
二、自由人的艺术精神　192

第二节　黑盒子：感知界面的无限生成　195
一、白盒子的终结　196
二、黑盒子里的光与色彩　198

第三节　元宇宙艺术：莫比乌斯空间的无限可能　202
一、人生的元宇宙艺术　203
二、以人为界面的莫比乌斯空间　206
三、元宇宙艺术馆何以生成无限　210

附录一　元宇宙中的"分身"：哲学、科学
　　　　与伦理起源　　　　　　　　　215

附录二　元宇宙美育实践手册　　　　289

附录三　分身：元宇宙艺术思想地图　327

专家推荐　　　　　　　　　　　　　329

第一章

分身的潜能：自我的"图层"序列

平行宇宙：古希腊神话里有一位叫"那喀索斯"（Narcissus，一译纳西索斯）的神，相传他的父亲是河神刻菲索斯（Cephisus），母亲是水泽神女利里俄珀（Liriope）。那喀索斯是一位英俊的少年，他有着太阳神阿波罗（Apollo）一样的卷发，有明亮的双眼、红润的双颊、象牙般白色的肌肤、樱桃般的朱唇、清秀的面容，哪怕用尽形容俊美男女的美好词汇，也难以描述那喀索斯的美。

那喀索斯刚出生时，他的父母就收到关于那喀索斯命运的神示："不可使他认识自己"。所以尽管那喀索斯如此英俊，他对自己的美貌是一无所知的。那喀索斯生活的空间被父母悉心地保护起来，让他远离能够看到自己身形、身影的地方，他只好从早到晚在树林里打猎、游玩。曾经有很多神女喜欢那喀索斯，并主动向他示爱，最后都被那喀索斯拒绝了。神女们因爱生恨，请求复仇女神涅墨西斯（Nemesis）惩罚他，于是命运就安排了那喀索斯在一片湖水中与自己的倒影相遇了。那喀索斯以为倒影是水中的神，像他父母一样的神，他从未见过如此美的神，于是疯狂地向倒影示爱，最后化为水中泡影。那喀索斯最终力竭而死，化作了湖边清新的水仙花，永远守在自己的倒影旁。那喀索斯的悲剧在医学上被称为"那喀索斯症",也被称为"自恋症"。

中国古代也有一个类似那喀索斯化作水仙的悲剧故事。在春秋战国时期,有一位绝世佳人曾在水边浣纱,也曾临水照花,她就是西施——中国古代四大美人之首。我们不知道西施照的是不是水仙花,也不知道令水中鱼儿忘我的"沉鱼"之貌到底长什么样,更不知道她在水中有没有照见"自我"。关于西施的故事中从始至终没有"自我"的表露,我们无法了解西施的内心独白。但是,从西施最后与范蠡泛舟五湖的结局来看,她应该找到了自我的归属。

人们认为神女或者涅墨西斯是那喀索斯悲剧的罪魁祸首,其实悲剧的背后是"不可使他认识自己"这句神示。古希腊时期,每当人们走进神庙,"认识你自己"成为大家面对的第一个问题。然而在当今时代,自拍照铺天盖地、Vlog(视频博客)"四处招摇",自我被不断景观化,"认识你自己"听起来如当头棒喝。

随着人工智能、区块链、大数据、物联网等技术的发展和元宇宙的构建,以及虚拟现实(VR)、虚拟拍摄等技术的应用,"认识你自己"愈发成为一种时代危机。美国学者尼古拉斯·米尔佐夫(Nicholas Mirzoeff)认为:"身体既是抵抗后现代主义种种全球性趋势的最后据点,也是首先受到他们影响的前哨。"[①]在新媒介不断涌现的今天,"认识你自己"已经不是自我与倒影之间的关系,而是自我与分身,甚至是多重分身之间的关系。

---

① 尼古拉斯·米尔佐夫.身体图景:艺术、现代性与理想形体[M].萧易,译.重庆:重庆大学出版社,2018.

第一节
认识你自己：自我与镜像

如何才能认识你自己？神示那喀索斯"不可使他认识自己"，于是河神刻菲索斯、水泽神女利里俄珀认为"认识自己"与"形与影"有关，但我们回过头来看这个神话，或许那喀索斯的父母对神示的理解有些偏差。认识自己只与自己的形与影有关吗？

一、影子：洞窟壁画中的寓言

对于人类如何认识自己，我们把目光拉回到一个更久远的时代。柏拉图（Plato）的《理想国》第七卷中有一个关于"洞中人"的故事。一个洞穴里面关着一群囚徒，这个洞穴距离外界非常远，洞口只能透进来微弱的阳光，洞中人需要走过一条长长的通道才可以出来。洞中人的手、脚、头颈都被绑着，不能走动，也不能转身，只能朝前看着洞中的墙壁。在他们身后的上方，远远地燃烧着一把火炬，火炬把洞中人的影子映在墙壁上，他们好像看到了山，看到了桥，也好像看到了其他人。他们对着影子说话时洞穴里会出现回声，他们以为回声就是影子的回答。长此以往，他们都把洞中的影子当作真实的事物。以至于后来有人逃脱了，看到洞外的阳光时，反而认为阳光刺眼，让他看不到像洞中一样"真实"的世界，而自愿回到洞中去。

虽然《理想国》的"洞中人"是一种比喻，但是早期人类社会的洞窟壁画却保留了真实的洞中人的生活痕迹。法国拉斯科洞窟里有一个名为《人与受伤的公牛》的壁画场景，让我们看到了原始社会的一种现实。画中的人似乎受了伤，双臂张开，平躺在地上，而旁边的公牛似乎还没有停止攻击。为了突显公牛的凶猛，牛身上的鬃毛被画成一根根竖起的状态，似乎如牛角般坚硬。不过这头牛的状况也很糟糕，一根长矛从后背刺穿了它的肚子，肠子好像已经沿着伤口流了出来。虽然这幅壁画的线条非常简洁，但是我们依然能够感受到场景的血腥和残酷。在原始人的视野里还有哪些东西呢？我们看到了奔跑的公牛、成群的野马，以及凶猛的食肉动物。在原始人的世界里，物质是比较匮乏的，是什么原因促使他们花费大量的时间和精力，在一般人都不易发现的洞窟里画满了动物？答案甚至涉及绘画的起源问题，如果绘画作品不是展示在外面供人观赏，那么创作这些作品的意义又是什么？

其实在整个拉斯科洞窟壁画中，人类似乎只在《人与受伤的公牛》这件作品中出现。这件作品与其他动物题材的作品又有什么不同呢？如果我们仔细观察，会发现画面前景中矗立了一根杆子，杆子上立着一只鸟。其实壁画中几乎没有出现其他鸟类，这只鸟也没有呈飞翔姿态，甚至鸟的翅膀都没有画出来，那么有没有可能鸟和立着的杆子结合在一起是一根权杖呢？因为没有实物留存下来，所以关于这根权杖只能停留在猜想的层面，不过无论如何我们都可以从这幅壁画中看出某种暗示：人类、动物和自然的权力是不是在某场战斗中完成了交接？

通过拉斯科洞窟里发掘的骨头和鹿角制成的矛头，我们可以还原那根用来刺伤公牛的长矛的样子，同时也有艺术家在20世纪30年代通过素描将原始人绘画的场景还原出来。就算我们知晓了拉斯科洞窟的样子，当我们随着20世纪40年代的镜头回到这个洞窟最早被发现的样子，看到洞窟的顶部画满了栩栩如生的野生动物时，依然会被当时的场景震撼。

另一个令人震撼的洞窟是西班牙的阿尔塔米拉洞窟，这个洞窟中有一块区域的宽敞顶部画满了公牛，这块区域又被称为"公牛大厅"。1901年，人们通过复制手段还原了画面中23头形态各异的公牛，其中第18号和19号公牛一立一卧，最有张力。当我们把画面中的公牛单拎出来，会发现它与现代的公牛仍有很多相似之处。洞窟里的公牛壁画到底表达了什么？又是什么原因促使原始人绘制那么多公牛，甚至出现在一个地方重复绘制的现象，这代表了某种仪式吗？虽然我们拥有跟原始人一样的眼睛，但是我们对今天看到的公牛大厅也只是一知半解，或许艺术家能够为我们提供不一样的思路。

当我们把原始社会的阿尔塔米拉洞窟中的公牛，与现代艺术家毕加索（Picasso）通过几根线条勾勒出来的公牛放在一起时，我们会发现毕加索作品中的公牛虽然线条、色彩都变了，但是形态依然生动如初。毕加索是如何创作出来如此高度概括的形象？他所画的公牛有一个蜕变的过程，也是绘画进化的过程，不同的公牛形态演变沿着历史的轨道步步向前。对，这就是毕加索的创造，他甚至经常戴着巨大的公牛面具，因此我们看不到他在面具里面的表情，不过我们相信他应该是满怀得意。

原始人为什么会在洞窟的顶部画满公牛？让我们再次回到这个问题上来。洞窟常年处于黑暗之中，当夜幕降临，人们回到洞窟寻找庇护时，顶部画满的公牛是不是像外面夜空中的星星一样动人？又或者，当洞窟里的火堆燃起，人的影子也被投射到洞窟的顶部，人们随着跳动的火苗与洞窟里的公牛融为一体。毕加索有一张光绘的公牛，或许能表达类似的感觉。在夜色中，毕加索手执光束，直接在空间中作画，作画过程被延时摄影记录下来，一头发亮的公牛与公牛大厅中的公牛一样，在黑暗的世界中熠熠生辉，有如星光。

二、镜像：形象脱离影子之后

《理想国》中"洞中人"的比喻，与法国拉斯科洞窟壁画、西班牙阿尔塔米拉洞窟壁画，都是人类通过影子认识世界、认知自我的一种努力。当人类从"认知的洞穴"中走出来，重新站在阳

第一章 分身的潜能：自我的"图层"序列

光下，身形与身影相生相伴的关系也就变得明了。中文里有一个词叫作"如影随形"，形容两个人或两个实物的关系非常紧密，就像影子跟着人体一样。这个词源自佛教的一个比喻——如影随形，虽有非实，它指的是影子虽然存在，但并非实体。"洞中人"的比喻讲述的是人类分不清影子是否为真实事物的故事。当人类认识到影子"虽有非实"之后，影子便与身形分离了。身形与影子分离后何去何从？除了影子之外，人类还可以通过哪些方式认知自我、了解自己的身形或形象？

从人类认知自我的角度来看，那喀索斯的故事可以归结为一个问题：人类能否通过镜像认知自我？那喀索斯的父亲河神刻菲索斯、母亲水泽神女利里俄珀都跟水有关，是自然界中天然的镜像。从刻菲索斯、利里俄珀来看，镜像是可以认知自我的，但那喀索斯的故事仿佛在告诉我们，他像是生活在人类无法分辨镜像与现实的过去。中国也有一则混淆了镜像与现实世界的寓言——"猴子捞月"，又被称作"井中捞月"，这个故事记载于《法苑珠林·愚戆篇·杂痴部》，讲的是一只小猕猴在井边游玩，偶然发现井底的月亮明晃晃地映在水中，小猕猴大惊失色，疾呼道："不好了，月亮掉到井里了。"其他猴子闻讯赶来，大猕猴认为，不能让月亮掉入水中，否则以后长夜将黑漆漆一片，一定要把月亮捞上来。于是猴子们首尾相连，从井口旁边的大槐树上，一直探到井中。眼看马上就要碰到水面上的月亮了，谁知槐树的枝杈突然断了，所有的猴子都坠入井中。"猴子捞月"跟"如影随形"一样，也来源于佛教，后来我们常用"镜花水月"来比喻虚幻的景象。

古希腊神话中的那喀索斯、中国古代佛教故事中的猕猴都分不清镜像与现实,那喀索斯也好,猕猴也罢,或许只是对人类认知镜像与自我关系过程中的一个隐喻。

随着时代的变化和人们对镜像的认知升级,那喀索斯的故事也发生了一系列异变。古罗马时期,那喀索斯与神女厄科(Echo)之间尚未萌芽的爱情故事流传开来,遥远的古希腊神话变成了日常生活中的谈资,他们的形象受到艺术装饰者的青睐。现存有一个公元二世纪的大理石井口,井口外侧刻有那喀索斯与厄科的浮

Frans van der Neve 作品 *Narcissus and Echo*

创作于 17 世纪,规格为 31.5cm × 39.2cm,美国大都会艺术博物馆藏

雕。厄科斜倚着一根树干，手中的水壶中正有水流倾泻而下。在水壶下方，那喀索斯的倒影中的面孔清晰可见，不过在下一个瞬间，那喀索斯的倒影可能就会被水流冲击得荡然无存。那喀索斯从画面右侧走过来，他似乎发现了厄科的用意，抬起右手想去阻止"恶作剧"的厄科，姿态和神情显得有些着急，但是那喀索斯的目光始终注视着自己的倒影。整个画面构图非常精巧，以那喀索斯的镜像倒影为界，左侧是提着水壶执意破坏镜像的厄科，右侧是伸手阻拦而又执迷于镜像的那喀索斯，整件作品像一场舞台剧，把故事中最有张力的部分用浮雕的方式定格下来。这件作品可以说是一场"镜像保卫战"，厄科想用破坏镜像倒影的方式，唤醒那喀索斯，使他认识到镜像背后的虚幻，而那喀索斯很显然不愿意从自我沉迷中醒来，或者说他并不具备分清镜像与现实的能力。那喀索斯心中执迷的倒影，或者说他镜像中的自我，实际上如此脆弱，一滴水的波澜可能就会让镜像灰飞烟灭。有意思的是，古罗马人把这件作品用于水井的装饰，每当人们打水时，在井底都会看到世界和自我的镜像，当水桶伸到井底时又打破这种镜像，然后想起那喀索斯的故事，打水的人或许要会心一笑吧。

后人以那喀索斯的故事为蓝本的作品层出不穷，绝大部分作品都还是遵循古希腊神话中的故事框架。到了18世纪末，随着资产阶级的发展，人们对自我的认知悄然发生变化，不少艺术家回到那喀索斯故事的起点，追问人类的命运。1782年，英国版画家卡灵顿·伯温（Carington Bowles）创作了一幅《那喀索斯与厄科》的讽刺漫画，画面中的那喀索斯穿上了英国军官的衣服，厄科则穿上了贵族妇人的服装，那喀索斯把手中的佩剑放在河边，自己则斜躺着对着水中自己的镜像招手，被遗忘在后面的厄科似乎只能对着一株大树诉苦。18世纪末的英国正处在发展上升期，打扮成青年军官的那喀索斯似乎只对自己感兴趣，停留在自我欣赏的镜像里。这件作品的下方有两行诗：命运让我有机会走那条路，年轻的那喀索斯自恋的地方。青年军官的形象被粉饰成矫揉造作，这种自恋背后透露的是英国"日不落帝国"的雄心。

时隔100年后，美国艺术家托马斯·纳斯特（Thomas Nast）延续了卡灵顿·伯温的讽刺版画的风格，于1882年以奥斯卡·王尔德（Oscar Wilde）为原型，创作了一幅讽刺作品《王尔德》，作品上题写了一段话："王尔德先生，你不是第一个盯着自己影子的人。"王尔德是19世纪英国唯美主义的代表人物，因为其个人性取向问题，在当时陷入丑闻。但是王尔德凭借艺术和文学上的杰出才华，一直是当时英国文坛的风云人物。纳斯特很显然对王尔德没有好感，他在画中保留了王尔德中分头、长卷发、怠惰的眼神和慵懒的姿势，王尔德手中拿着一株向日葵，但是在镜像中，他变成了一只邪恶的狼，向日葵上面也赫然显示着金钱的符号。画面中的文字把王尔德作为那喀索斯的反面教材来写，认为"他是个冒牌的唯美主义者"（He is an Aesthetic Sham）。我们没必要陷入王尔德的历史争议之中，单纯从纳斯特的这件作品来看，他已经把镜像异变作为一种艺术表现形式，这种形式甚至与中国古典文学中描写的"照妖镜"有一定的联系。镜像中的形象虽然异

第一章 分身

分身的潜能：自我的"图层"序列

卡灵顿·伯温作品《那喀索斯和厄科》

创作于 1782 年，纸本手工着色铜版画，规格为 35cm×25.5cm，英国大英博物馆藏

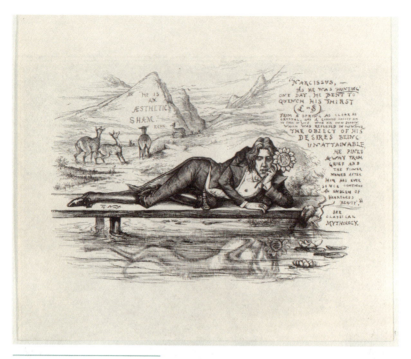

托马斯·纳斯特作品《王尔德》

创作于 1882 年，版画，规格为 23.9cm×28.4cm，美国大都会艺术博物馆藏

变了，但镜像好像出现了魔力。接下来我们谈一下镜像的魔力，看一下艺术家如何用镜像创造出多重交错和反转的空间。

三、自我与镜像的反转

那喀索斯的镜像是在水中产生的，而在艺术史中，镜像的产生与镜子有关，镜子的流行则多与维纳斯（Venus）相关。镜子的起源非常早，目前发现的最早的人工制镜是距今 8 000 多年前的安纳托利亚半岛（今土耳其境内）的曜石镜；目前发现最早的铜镜是公元前3 500年至公元前3 100年，乌鲁克时期的两河流域的有柄铜镜。古埃及的壁画和赫梯帝国库巴巴（Kubaba）女神都有手持镜子的形象存在。在艺术史中，维纳斯与镜子的组合关系自文艺复兴时期就广为流传，著名的作品有提香（Tiziano Vecelli）的《照镜的维纳斯》、委拉斯贵支（Diego Rodriguez de Silvay Velazquez，一译委拉斯开兹）的《镜前的维纳斯》等。如果把维纳斯与镜子的组合单纯看成女性对镜梳妆的反映，这类作品在东方也大量存在，比如中国古代北宋时期苏汉臣的《靓妆仕女图》、日本喜多川歌麿的《姿见七人化妆》等。不过，女性对镜梳妆仅仅是日常生活的再现吗？文艺复兴时期以来，与女性对镜梳妆同时流行的还有大量艺术家的自画像作品，比如达·芬奇（Leonardo da Vinci）、拉斐尔（Raphael）、丢勒（Albrecht Dürer）的自画像。艺术家的自画像中虽然没有镜子出现，但考虑到当时的技术和条件，大多数艺术家应该都借助了镜子等媒介，这些镜子是隐藏在画面背后的秘密。

《老普林尼的艺术史各章》(The Elder Pliny's Chapter on the History of Art)中记载了基济科斯的女艺术家伊艾亚"终身未婚……自画，以镜为辅。"[1]一位女艺术家对镜自画，她在画面中看到的自己，和在镜中看到的自己有什么区别？文艺复兴文学三杰之一薄伽丘（Giovanni Boccaccio）在《名媛传》(Concerning Famous Women)

---

[1] Pliny. *The Elder Plony's Chapters on the History of Art*. trans. K. Jex-Blake. London, 1896.

苏汉臣作品《靓妆仕女图》

北宋时期作品,绢本,团扇,设色,规格为 25.2cm×25.7cm,美国波士顿艺术馆藏

中详细记载了"对镜自画"的故事,只不过伊艾亚的名字改为玛西亚。1402 年前后,《名媛传》中玛西亚对镜自画的场景被做成了书籍插图[①],一直保存至今。玛西亚左手持镜,右手执笔,正对着镜中的形象进行绘制。自画像中的镜中形象与画上形象如出

---

① G.Boccaccio. *Concerning Famous Women*. trans. G.A. Guarino. New Brunswick, 1963; London, 1964.

一辙，只不过镜中的形象被刻意缩小了，而画中的形象则被放大了。

提香的《照镜的维纳斯》和委拉斯贵支的《镜前的维纳斯》中，人物与镜像形成一种均衡的关系，不过有意思的是，画中的维纳斯似乎是不自知的，并没有意识到自己的美，也没有意识到观者的存在。而镜中的维纳斯则看向画外，隔着遥远的时空与观众保持着直接交流。维纳斯的目光通过镜面的折射与观者相遇。镜中维纳斯看向画外的场景被艺术家反复刻画，比如鲁本斯（Peter Paul Rubens）的《维纳斯对镜梳妆》、布歇（Francois Boucher）的《梳妆的维纳斯》等。这种现象所反映的观念是什么？这或许跟古埃及人认为镜子是"能看到人脸的生命力量"相关。镜子被赋予魔法一般的意义，这在东方文化中也同样存在，在苏汉臣的《靓妆仕女图》、喜多川歌麿的《姿见七人化妆》中，女性的面孔也是通过镜子与观者相遇。镜子成为观者与画中人"面对面"交流的一种媒介，虽然观者与画中人隔着遥远的时空，也隔着画面，但是只要观者在镜中看到画中人，画中人也应当在镜中看到观者，或许这是镜像传递的一种生命体验。

虽然在艺术家的自画像中大多数时候没有出现镜子，但是艺术家和画中的自己也构成了一种对视的关系，这种对视还会随着时空的转换变成艺术家与观者的对视。对镜自画的艺术家是将镜像搬到了画面中，可以说自画像是镜像与画面的重叠，画面即镜像。

从一些艺术家自画像中我们还能发现一些秘密。如果对镜自

提香作品《照镜的维纳斯》

创作于约 1555 年，布面油画，规格为 124.5cm × 105.5cm，美国国家艺术馆藏

喜多川歌麿作品《姿见七人化妆》

创作于约 1790—1795 年，木刻版画，规格为 36.8cm × 25.1cm，美国大都会艺术博物馆藏

画的艺术家不刻意去遮蔽，我们能够从自画像中大致分析出艺术家的惯用手。大部分人的惯用手是右手，于是很多艺术家对镜自画时会把镜子放在左侧，这样自画像则多是往右侧观看。这种现象在早期的自画像中更容易辨别，比如丢勒、伦勃朗（Rembrandt Harmenszoon van Rijn）都创作了大量的自画像，多是往右侧观看。艺术史上一些著名的左撇子则会把镜子放在右侧，自画像多是往左侧观看，比如梵高（Vincent Willem van Gogh）、埃舍尔（Maurits Cornelis Escher）的一些自画像刻意证实了这一点。不过像达·芬奇这样可以左右手随意切换的高手，就另当别论了。

第一章 投射
分身的潜能：自我的"图层"序列

委拉斯贵支的《宫娥》是把镜像用到极致的一件作品。人们惊叹于委拉斯贵支捕捉的"快照式"的画面：委拉斯贵支正探出身子看国王和王后，他接到的委托是为国王和王后画像，国王和王后正端坐着给委拉斯贵支做模特，此时小公主玛格丽特闯了进

委拉斯贵支作品《宫娥》

创作于1656年，布面油画，规格为318cm×276cm，西班牙普拉多美术馆藏

来，成为国王、王后、宫女、大臣、修女、画家所围绕的中心，也成为画中的主角。在摄影术诞生以前，委拉斯贵支用他的聪明才智，让观众以国王、王后的第一视角，见证了宫廷内的温馨一幕。西班牙超现实主义画家达利（Salvador Dali）很崇拜委拉斯贵支，他说："委拉斯贵支教会了我关于光线、反射和镜子的作用——他教我的要比整个科学选集都要多，他的作品是一个无穷无尽的极度准确的资料和计算宝库。"达利的这段评论一语中的，在《宫娥》这件作品中至少存在三个镜像：一是画面远处墙上的镜子，映出了国王和王后的形象；二是委拉斯贵支正在看向的镜面，国王和王后离去，他在创作自画像的时候需要借助镜面；三是画面左侧高大的画框背景，画框的正面应该就是《宫娥》这件作品，这是非常绝妙的设计，整张画与画面中的画框互为镜像，形成一个时空的闭环。更有意思的是，观众的视角与国王、王后是重叠的，观众所处的位置也是委拉斯贵支放置镜子的地方，观众的时空、宫廷的时空、委拉斯贵支对镜自画的时空全部交叠在一起，呈现在画面中，实现画面即镜像，镜像即画面。

第二节
自我景观化：图像漫游者

影子、镜像都是捉摸不定的东西，正所谓"形影相随"，影子和镜像会紧紧跟随自我，或运动，或静止。当自我怀着惊奇的目光发现了影子或镜像，影子或镜像也发现了自我。由于摄影术的发明，影子或者镜像才能被"捕捉"到。与绘画、雕塑等艺术不同，摄影术捕捉的图像能够自行显现。在图像呈现方面，摄影术捕捉的环节增加了随机性，显影的环节增加了偶然性。与绘画、雕塑等精心的安排不同，摄影术下的自我有时是在一种无目的、漫游的状态下被捕捉的。

摄影的镜头是"天真之眼"吗？在镜头下能否自由地展现自我？本雅明（Walter Bendix Schoenflies Benjamin）在《机械复制时代的艺术作品》中提到"光晕"的话题，在摄影术下，"光晕"消逝了吗？在元宇宙的时空里，我们如何迎向灵光消逝的年代？

分身：元宇宙艺术的打开方式

一、显影：光之人

威廉·亨利·福克斯·塔尔博特（William Henry Fox Talbot）是卡罗式摄影法的发明者，他在自己的摄影集《自然的铅笔》中写道："本作品的底片仅由光的作用留下印记，并未借助任何艺术家的铅笔。""光的印记"包含两层含义：一是摄影作品具有半自动的效果，不需要借助艺术家的画笔来创作；二是摄影作品是光引发的图像，自然之光和人文之光交织在一起。所谓摄影，本质上是"摄光"。

虽然摄影术发明于 19 世纪，但是人类对摄影或摄光的追求却有悠久的历史。人类对自身形象的光影捕捉最早可以追溯到"小孔成像"，公元前 5 世纪的《墨子》、公元前 4 世纪亚里士多德（Aristotle）的《问题集》等东西方经典中都有对"小孔成像"的记载。《墨子》载："景。光之人，煦若射。下者之人也高；高者之人也下。足蔽下光，故成景于上；首蔽上光，故成景于下。在远近有端，与于光，故景库内也。""光之人"的"之"是"到……地方去"的意思，"光之人"是指光照射在人身上，其现代意思是：影。光照在人身上，光线就像射出的箭一样直。下方的光线照到人身上之后直达高处，高处的光线照到人身上之后直达下方。脚遮住了下方照来的光线，所以影子在上方；头遮住了上面的光，所以影子在下方。在人或远或近的位置设置端孔，光线透过端孔，影子就可以呈现在室内了。

"光之人"揭示了光、人、影三者之间的关系，光让人的影显现了出来。在摄影术发明之前，绘画史上有大量作品借助"光之人"的原理，运用画笔描摹人的影子。直接借助光源和剪影进行创作叫作明室，借助小孔成像和倒影进行创作叫作暗室。人、影、绘画就在光的明暗变化之间展开，所以"摄影"一词源于希腊语 φῶς（phos，光线）和 γραφι（graphis，绘画、绘图），意思就是"用光绘画"。

在摄影术发明之前，"光之人"大致分为明室和暗室两个类型。明室衍生出剪影、相貌轮廓描绘仪（physionotrace）、窗格等艺术形式和工具，暗室衍生出大型暗箱、便携式暗箱、硝酸银成像等。所有的努力都是为了能够将人的影子通过其他媒介显现出来，也就是所谓的"显影"。

二、定影：自我的定格

绘画或者摄影的核心驱动一直跟认知自我有关系。从绘画方面来看，中国比较早的自创作的自我图像相传是宋徽宗赵佶所作的《听琴图》，这件作品是不是赵佶所作存疑，不过画面还是具有典型的宋画特征。画面中的赵佶身着道袍，在松树下抚琴，两位大臣分坐于画面左右两侧，从背后的松树和竹子到赵佶所处的位置，再到画面前景中的太湖石和盆景，都凸显了主人公的高雅和超脱。在西方，"认识你自己"是古希腊哲学的经典命题，不过自画像真正意义上的成熟是在欧洲文艺复兴时期。让·富盖（Jean Fouquet）创作于约 1450 年的作品是公认的较早的独立自画像，

分身：元宇宙艺术的打开方式

赵佶作品《听琴图》

北宋时期作品，绢本设色，规格为 147.2cm×51.3cm，现藏于北京故宫博物院

第一章 分身的潜能：自我的"图层"序列

不过文艺复兴时期真正意义上把自画像当作命题来进行创作的艺术家非丢勒莫属。艺术史家柯尔纳（Joseph Leo Koenet）认为丢勒引领了德国文艺复兴时期的自画像时刻，[1] 作为文艺复兴时期特定的"思考中的艺术家"[2]，丢勒开启的是"图像意义上的哥白尼革命"，不过，"在艺术家生命的哪个瞬间，这些图像（自画像）被呈现了出来？"[3] 自画像在意大利文艺复兴时期被称为"镜中肖像"，然而在丢勒看来，自画像并不是达·芬奇所说的镜子高于一切，而是拥有一种内在精神，有镜像之外的逻辑和价值。

丢勒的自画像系列作品是文艺复兴时期的一种独特现象，不过这种现象似乎又与文艺复兴时期的人文主义精神高度吻合。丢勒被认为是文艺复兴时期最有自我意识的艺术家，他在1500年初创作的作品《1500年自画像》（也叫《穿毛制长袍的自画像》）非常具有独特性，画面中的丢勒以正面像的方式望向画外，"绘画本身所具有的正面性、对称性和孤立感一览无余。水平与垂直的轴线贯穿整个画面，单纯的形式使得整幅画的结构有如建筑物的前视图。"[4] 不过这张画更有意味的是丢勒在画上的拉丁文题词："我，纽伦堡的阿尔布雷希特·丢勒在二十八岁之年以永不消退的色彩

---

[1] Joseph Leo Koenet. *The Moment of Self-portraiture in German Renaissance Art*. University of Chicago Press, 1997.
[2] 叶丹. 丢勒的《自画像》与文艺复兴艺术家的"视觉时刻"[J]. 新美术，2017（5）：24-43.
[3] 同①。
[4] 同②。

让·富盖作品《自画像》

丢勒作品《1500年自画像》

创作于1500年，板油彩，规格为67cm×49cm，现藏于慕尼黑画廊

创造出自己的形貌。"在丢勒看来，他创造了自己的形貌，画面中轻抚毛领的手似乎是在对着自己行礼，同时自画像呼之欲出之感使得自我和图像之间形成了深度的互动。在丢勒的这件作品中我们能够清晰地感受到，艺术家在和更高的自我进行对话，自我永不褪色，即丢勒用绘画的方式完成自我图像的历史性上载。

"个体开始进入图像"一直是文艺复兴的基调之一[1]，桑德罗·波提切利（Sandro Botticelli）在《三博士朝圣》中就在画面

---

[1] 茨维坦·托多罗夫.个体的颂歌：论文艺复兴时期的佛拉芒绘画[M].苗馨，译.上海：华东师范大学出版社，2013.

第一章 分身的潜能：自我的"图层"序列

中悄悄藏了一张自画像。画面前景的最右面身着黄袍、回望画外的人就是艺术家本人，"与瓦萨里在《名人传》中描述的先前艺术家再现自我的方式不同，这幅作品中我们看到的是一种新颖的艺术家表现自我的方式。它不再是众人之中隐秘的存在，波提切利有意将自己摆放在一个十分显眼的位置，自信地看向观者的方向。艺术家在此充当了连接画面内容与观看者的中介，既置身于画面之中，又看向画面之外，似乎在向画框之外的观看者邀约。"[①]有学者将这种形式称为象征性的"在场"，其实在西方文艺复兴时期有大量类似的作品，比如曼泰尼亚（Andrea Mantegna）的《会客厅湿壁画》、鲁菲鲁斯兄弟的《手抄本装饰图案》、扬·凡·艾克（Jan Van Eyck）的《阿尔诺芬尼的婚礼》，以及17世纪委拉斯贵支的《宫娥》、弗兰斯·哈尔斯（Frans Hals）的《圣乔治公民护卫队军官的宴会》。在画面群像中嵌入自画像的形式比比皆是，不过这种现象并不是"在场"那么简单，自画像的嵌入不是为了见证，而是消除时空、维度的隔阂，艺术家在创作的过程中可以获得一种真切感。

另外一件比较有意思的作品是拉斐尔的《雅典学院》，在文献和图像资料非常匮乏的情况下，拉斐尔创作《雅典学院》其实只能"凭空臆想"，但是这种凭空的创造似乎非常具有历史和文化的穿透力。拉斐尔将自己和同时代的达·芬奇、米开朗基罗（Michelangelo Buonarroti）等人绘入画中，在文艺复兴时期扮演所

[①] 金阳平. 象征性的"在场"——西方自画像的早期形式[J]. 美术，2017（7）：130-135.

分身：元宇宙艺术的打开方式

波提切利作品《三博士朝圣》

创作于 1475—1476 年，木板蛋彩画，规格为 117cm×142cm，乌菲兹美术馆藏

追随的古希腊典范，以先哲自比，这种清醒的文化意识和超越时代的敏感性创造了文艺复兴新生命的基点。其实波提切利把自己画进基督教题材作品中，拉斐尔把自己画进《雅典学院》的场景中，是两类典型的古典自我上载模式：一种是诉诸宗教，获得精神上的满足；一种是诉诸历史，获得时空上的超脱。

如果我们单纯将波提切利和拉斐尔的作品看作象征和在场，就容易浮于表面的"角色扮演"，在文艺复兴的巨大思潮中，象征显然是没有力量的。"我不了解真实的自己，而只是知道公开露面

第一章 分身

分身的潜能：自我的"图层"序列

拉斐尔作品《雅典学院》

创作于 1509—1510 年，湿壁画，规格为 500cm×770cm，位于梵蒂冈宗座宫

拉斐尔作品《雅典学院》局部

的那个我。如果意识到自己，也因此就更不了解自己……如果没有某种经验的再现给思想提供素材，'我思'的行为就不会发生。"①康德（Immanuel Kant）通过反思自我，认为经验带给思想的素材是非常重要的自我意识的基础，换句话说，经验打开了认知自我的通道，而自我也是通过"我思"不断上载精神自述。

三、重影：多重曝光

康德不知道公开露面的自己是不是自我意识中的自己，自己有时候只是一个身份，角色扮演在现代社会才是常态。摄影术的发明让角色扮演进入一个新的维度，与绘画不同，摄影术不需要借助镜面等媒介，可以轻易地获取自我图像，这也是后来安迪·沃霍尔（Andy Warhol）的大量自拍作品立足的基点。在自我图像方面，摄影术远远超越绘画，极大地促进了艺术家对自我的探索。1840年10月18日，希波利特·巴耶尔（Hippolyte Bayard）将自己扮演成一个溺水而死的人，并拍摄成自画像式的照片。巴耶尔在这张照片的背面，以第三人称写下了他所想象的溺水自杀的原因。这张几乎可以标志摄影术发明的作品，与4 000年前的古埃及雕塑一样，关注的题材也是"死亡"这种永恒性的话题。这似乎是一种巧合，不过在逼真的图像面前，我们总是担心逝去、担心终结。摄影术"在整体性与真相上通过图像抛弃身体并由此抛

---

① 艾美利亚·琼斯.自我与图像[M].刘凡,谷光曙,译.南京：江苏美术出版社，2013.

第一章
分身的潜能：自我的"图层"序列

弃自我的欲望"，① 自我在摄影的镜头下可以尽情地表演，人的自我图像在摄影术发明后获得了极大的自由，身体成为表演的身体，而自我图像成为表演的文本。艾美利亚·琼斯（Amelia Jones）评价希波利特·巴耶尔的这件作品时说："这幅自拍照肖像好像重申了（再次肯定）身体永无休止的'真实存在'、它的拒绝消失，以及它的以某种'真实'的方式抛弃自我的无限能力。"这里，与其说是抛弃，不如说是给予自由。

新技术导致了自我图像的无限生成，多重曝光构成了重影，却让我们在自我图像中迷失。自我图像如今充斥在视觉与表演艺术中，意义被削弱了，意义正在使得图像本身——就这样，自我是如此被它依赖/依赖着它——变化无穷。② 意义自身消减了意义，肉体和图像在自我的观照中凸显了出来。"在我们肉体的参加和各种形式的参与下，甚至那些最普通的图像也都会发现它们的价值、它们的主旨和它们的推动力。"③

肉体在自我图像中被无限放大，克劳德·卡恩（Claude Cahun）在1929年的作品《自尊》中呈现了女性摄影师对自我的探索，当然在女性主义掀起波澜之前，这种探索虽然局限在面孔、嘴唇、表情、妆容的怪诞化想象，不过肉体的放大和交织在画面中依然可以清晰地看到。自我与肉体之间，到底什么样的瞬间才

---

① 艾美利亚·琼斯.自我与图像[M].刘凡, 谷光曙, 译.南京：江苏美术出版社，2013.
② 列夫·马诺维奇.新媒体的语言[M].车琳, 译.贵阳：贵州人民出版社，2020.
③ 同①.

希波利特·巴耶尔作品《扮成一个溺水者》

创作于1840年,规格为1 170px×1 100px

是同步的、值得被记录的?克劳德·卡恩和辛迪·舍曼(Cindy Sherman)等人通过不断的自我造像、模拟摄影和自我重复等,创作出大量的自我图像。罗兰·巴特(Roland Barthes)曾说:"照片再现了非常微妙的瞬间,说实话,那时我既不是主体也不是客体,而是一个感觉他正在成为客体的主体:那时我体会了一种微型的死亡(属于插入式死亡);我确实正在成为一个幽灵。"① 罗

---

① 艾美利亚·琼斯.自我与图像[M].刘凡,谷光曙,译.南京:江苏美术出版社,2013.

兰·巴特的感觉是敏锐的，在逼真的自我图像面前，自我与图像之间会产生一种疏离感和带入感，带入感是自我，疏离感是逝去，微型死亡是面对自我图像主客体交错的一种体验。

辛迪·舍曼在20世纪70年代开始创作自拍图像《无题剧照》系列作品，她抓住的是电影特写镜头式的凝视，女性身体、自我凝视和他者介入的共同交会，让辛迪·舍曼的作品呈现出一种独特的凝视结构。摄影的自我图像成为一种双重的迷恋物，"作为拜物教性质的东西，它充当着女人所缺少的男性生殖器替代品，以减轻男性气质的观众对阉割的恐惧；作为照片，它又扮演着它所描绘的那个已经失去的身体的替代品。"[①]

[①] 艾美利亚·琼斯. 自我与图像[M]. 刘凡, 谷光曙, 译. 南京：江苏美术出版社, 2013.

第三节
自我即分身：影像的迷宫

从肖像画到自画像，从身体到媒介，从个人写真到 Vlog，从自拍到自媒体，从自我景观化到上载的自我，从人工到智能……不管是技术还是艺术，不管是绘画还是数据，不管是感知还是抽象，人类文明演进的内核一直离不开对于自我的认知。如今，自拍照铺天盖地，短视频大行其道，行为艺术家玛丽娜·阿布拉莫维奇（Marina Abramović）的身体和全息投影下的虚拟偶像都在追问自我的边界。自我图像的跨媒介扩展，一方面体现出图像生产中"人"的放大，另一方面体现出图像正转化为数据。人不仅持续地美化自我，也在不断地上载自我。上载，是一种纵向关系，柏拉图的理想国、宗教中的天堂是古典的上载模式。如今的纵向关系不仅从画布上创作变成了视频交互，而且包含了自我的感知与数据。跨媒介艺术正催生出人工智能时代背景下新的认知模式。

第一章 分身
分身的潜能：自我的"图层"序列

一、自我即媒介

　　如果说摄影术在一开始就回应了自我图像的终极问题，动态影像的发展则是到很晚的时候才真正用于探索自我的新的可能。2003年，英国摇滚歌星彼得·盖布瑞尔（Peter Gabriel）在大型户外演唱会中，头上戴着一个装有摄像头的头盔，近距离拍摄和直播自己的脸。在微型摄像机镜头下，在巨大的屏幕上，真实的人很渺小，而上载到屏幕上的自己的毛孔却显得巨大。后来他又分别把镜头朝向乐队，最后将镜头定格在观众席，观众在屏幕上看到密密麻麻的自身图像，小到看不清人的身形。在这个时候，空气中飘荡的是彼得·盖布瑞尔的"挖土"歌："我正在挖土，寻找我曾经受伤的地方……我看得越多，发现得越多，当我靠近的时候，我却如此茫然。"这种茫然，正是对上载自我图像的茫然。视频直播、数字化自我是自我图像的一种新的纵向关系。

　　随着影像技术的发展，自我图像不仅在表现形式上发生变化，在自我图像的本体上也在不断衍生。例如，美国女歌手Lady Gaga在2016年的个人演唱会上使用了面部实时跟踪投影技术，火山岩浆、蜘蛛、雷电等图像在被放大了很多倍的面部上依次展开，人的面孔与自我图像是如此贴近，又是如此背离。面孔变成了画布，变成了自我情绪的外化，甚至成为一切视觉化元素的战场。在瞬息万变的面部投影中，我们很难将面孔与自我联系在一起，自我图像在这个时候远远大于自我意识。自我的肉体变成了媒介，自我媒介在影像的投射下呈现出异质化的放大。莫里斯·梅洛-庞蒂（Maurice Merleau-Ponty）曾说："我的身体作为可视物被包含在全景之中，但我视觉的身体与随它一起的所有可视物又都包含在这个可视的身体内。它们彼此相互穿插和纠结……我们必须重新……避免通过各个平面的和透视的方法进行思考。"① 媒介和自我之间产生了主客体的交错，可见的与不可见的在屏幕上多维重叠，意义被覆盖和遮蔽，自我在图像中迷失。自我在分裂，主观性和可视性在自我图像的战场中正式宣战。

二、生命的未来图景

上载的过程犹如主观性和可视性之间旷日持久的战争，主观性联动的是自我，可视性联动的是图像，战争的本质是不同步、不同频。在数据大爆炸的时代，无序的自拍图像和自我景观化加速了认知极限的到来。"凝视的艺术，乃是把我们变成盲者的艺术。20世纪真正的现代性艺术，乃是进入黑夜的黑夜，是把我们变成盲者，艺术乃是把我们变成盲者的艺术。德里达的思想开始于'不可能性'的经验，解构并非否定，而是对不可能之为不可能的肯定，也许艺术可以最好地展现这个不可能性的经验。"②

导演阿里·福尔曼（Ari Folman）2013年的作品《未来学大

---

① 莫里斯·梅洛-庞蒂. 可见的与不可见的 [M]. 罗国祥, 译. 北京: 商务印书馆, 2008.
② 夏可君. 把我们变成盲者的艺术: 德里达论自画像 [J]. 诗书画, 2015（3）: 104-112.

会》表达的是对上载自我的矛盾和恐惧。该作品讲述了曾经名噪一时的女明星罗宾·怀特早已过气，45岁的她因为执拗和任性毁掉了很多机会，也让公司老板杰夫渐渐失去了耐心。杰夫逼迫她签下演员生涯中的最后一份合约，从此罗宾的名字和三维扫描后的虚拟形象只能出现在公司的展示墙上和数字时代的电影中。虚拟形象可以永远活在20多岁，在影像世界，自我完全被图像取代了。20年后，罗宾驱车前往亚伯拉荷马参加未来学大会，而那里是一个全动画封锁区，从三维世界坠入二维世界（电影中详细描绘了降维过程中的眩晕感）。罗宾预感到了二维世界的阴谋，费尽周折最终从二维世界逃脱，醒来后才发现其他人已经沉浸在平面化的视觉愉悦中丧失了自我意识，世界进入一种麻木的状态。吕克·贝松（Luc Besson）2014年的电影《超体》则荡气回肠地表达了对自我上载的乐观和自信。女主人公露西在中毒之后，自我和信息化设备不断同频，与此同时她观看世界的视角也在不断扩展，最终舍弃了肉身，超越时间和空间，与整个世界融合，无处不在（I am everywhere）。电影的世界充满了无数可能，但是上载的自我始终要面临两极的抉择，既不像《未来学大会》那么悲观，也不像《超体》那么乐观。这个世界正在上载的过程可能正处在乐观和悲观之间。

德里达认为现代艺术使得眼睛已经盲了，不过也就是在这个时候，图像的感知开始进入一种身体浸入式的状态。人们不仅可以用眼睛感知自我的图像，随着新兴技术的发展还可以用身体来感知。例如，《神经网络森林：贤者的花园》是WHITEHOLE

STUDIO 与 LiUSTU 联合打造的一场大型 MAPPING 互动装置剧场，在 WHITEHOLE STUDIO 通过 Kinect 深度传感器实时获取观众的体感信号以激活装置，进而将机器学习中的算法模型——神经网络（NNs）转译为动态影像，以 3D Mapping 技术投射到仿真植物的表面，构建出一片仿佛具备生物意识的发光森林的基础上，LiUSTU 反向置入一系列具有古老神秘学意味的装置群落，将其微妙地融入这片自然有机的丛林中，从而营造出一场愈加古老和新奇的、富含寓言意味和科技互动的装置叙事现场。神经和植物的融合撬动了体感信号感知的可能性。我们除了将自我交给身体，还可以通过维度的变化使它保持活力。例如，作品《微观尽头》的灵感来源于诗句"一花一世界，一叶一菩提"。装置通过三台显微镜，以人的一生为线索，呈现物质微观层面对生命的隐喻。观众可以不断变换目镜倍率，观察"胎毛""心肌纵切""癌组织"三种标本，把最微小的结构与宏观世界联系起来。观察后，体验者可以将载玻片带走留作纪念，继续延续微观世界的故事。

三、上载与上坠

当我们通过 VR 设备进入元宇宙，一个具身性的新世界向我们展开。在元宇宙的世界中，身份可以重新设定，人类可以用上帝视角协调诸神之战，参与物种起源，创造属于未来的新视觉、新语言。在元宇宙中，每个人都可以成为自我的作者，每个人也都可以成为自身元宇宙的创造者。在传统艺术门类下，作者在完成作品后，跟作品之间的关系就断裂了，作品的价值和意义主要取决于受众的反馈。但是在元宇宙艺术中，作者、作品与受众之间的联系可以是持续性的，作品的形态本身具有延续性和生命特征。

回到元宇宙艺术与自我之间的关系上，元宇宙艺术目前主要存在于数字世界，未来数字和物理世界的关系应该会被重建，数字世界和物理世界的联系应该也会愈发紧密，当然这种联系可能是正向的，也可能是完全背反的。数字世界不受物理世界的束缚，一些基本的概念，诸如时间、空间在数字世界是融为一体的，重力、质量等基础问题在数字世界是不存在的。目前，针对利用VR设备能够进入的元宇宙空间，已经有创作者有意"篡改"这些基础设定，让元宇宙艺术创作进入一个新的语境。

仅以重力为例，有一些艺术家对此进行了前卫的探索，在重力变化的世界，为我们展现新的可能性。例如，VR电影《重力》是巴西导演阿米尔·阿德莫尼（Amir Admoni）和法比托·雷赫特（Fabito Rychter）于2018年创作的作品，该作品使用大量实时技术，包括演员的体积捕捉、动作捕捉，以及物理模拟和流体模拟技术，将传统绘画风格进行了VR化的再创造。剧中的人物和物体在重力的作用下，都处在自由落体的状态，一直在坠落。两位主人公在坠落中过完了整个人生，他们的人生仅通过一根绳子连接。在不断下坠的过程中，一个人执着于理解周遭的环境，另一个人则享受这种类似飞翔的感觉，观众的心一直是悬着的，都在为两个人着地后的悲惨境遇而担心。也是在这种悬浮的状态下，我们看到了自由落体的视觉景观，坚硬的与流动的，庞大的与微小的，自由的与束缚的……人和物随着世界坠落，当戴着VR眼镜进入这个空间，甚至有可能会产生眩晕感，让我们分不清剧中的人物和我们自己到底是谁在坠落，也分不清我们的感官被上载到了一个怎样的世界。

电影《上坠》（又被译作《爱在失重时》）的设定则是在一个重力颠倒的世界。观众通过VR眼镜进入一对爱人的私人生活空间，空间中可以用"一地鸡毛"来形容，日常生活的琐碎把感情碾压得变了形。慵懒的人物配上大卫·霍克尼（David Hockney）风格的画风，让整部作品充满油画的质感。《上坠》讲述的是非常日常的故事，正是这种日常性让观众产生强烈的同感。日常过程中的某一次心不在焉，就让一对爱人的世界发生了重力的反转，厨房的餐具、桌上的蛋糕纷纷上坠到天花板上。在一种莫名和慌乱中，男主角发现自己和女主角的重力场已经完全在两个方向，日常生活中的物品还在不断上坠，最后天花板不堪重负，破裂开来，随着琐碎的物品一起坠向天空的高处。男主角拼尽全力，进入了上坠的重力场，试图挽回女主角，可是日常积压的感情冲突一旦爆发，必然"天翻地覆"。女主角最终随着物品一起坠向天空，男主角最终也没鼓起勇气追随女主角而去。这是一个爱情的悲剧故事，一方面我们可以把上坠理解成爱情的破裂，另一方面也可以把上坠理解为男女主角之间的生死之别。《上坠》无疑是抓住了元宇宙艺术中无重力的特性，通过重力反转这种简单的设定，让我们在一种从未有过的感官体验中，领会作品背后的观念。

"上坠"是一种非常元宇宙的提法，这种提法让我们可以通过新的视觉形式，去感受多样化的体验。自我的上载，是元宇宙中分身的一个基础问题。如今，跟自我相关的生命科学和跟图像（本质是数据）相关的人工智能都在高速发展，我们似乎能够看到自我与人造物最终握手言和。在合一状态下，自我回归到人的精神内核，而数据和图像也最终可以和生命步调一致。"生命其实就是具有一定复杂性的系统，这个系统会不断复制自我。生命有硬件也有软件，硬件是生命有形的部分，用来收集信息；软件是生命无形的部分，用来处理信息。"[1]信息即意义，自我图像是一直追问自身意义的方式，自我图像就像每个个体的图腾，我们要守护的是生而为人的意义。

---

[1] 迈克斯·泰格马克. 生命3.0：人工智能时代人类的进化与重生［M］. 汪婕舒，译. 杭州：浙江教育出版社，2018.

第二章

分身的观念：技艺之火的蔓延

平行宇宙：在希腊神话中，普罗米修斯（Prometheus）是人类的创造者、生存能力的授予者，为人类盗取火种而被宙斯（Zeus）惩罚。最初的人类遂被创造，不久便遍布各处的大地。但很长一段时间内，他们不知道怎样使用四肢和聪明的头脑。他们视而不见，听而不闻。他们无目的地移动着，如同梦中的人形，不知道怎样利用宇宙万物。于是普罗米修斯来帮助他们，教他们观察星辰的升起和降落，教他们计算和写下符号来交换思想。他指示他们怎样驾驭牲畜，让它们来分担人类的劳动。他训练马匹拉车，发明船和帆在海上航行。他关心人类生活的一切活动。[①]直到人类被神权的象征宙斯注意到之后，宙斯拒绝给人类完成文明所需的最后一物：火。普罗米修斯为人类盗取了火种，补全人类文明所需的最后一片拼图。这是希腊版本的创世神话，从中可以看出人类最初的生存都依靠外在世界的万物，人的存在和本性与技艺密不可分。火为什么是最后一物呢？虽然希腊神话中没有明确来讲述，但火的确是很多不同民族起源神话中的"技艺之技

[①] 古斯塔夫·施瓦布.希腊神话和传说（上）[M].楚图南，译.北京：人民文学出版社，1959.

艺""工具之工具"。

美国媒介理论家彼得斯（John Durham Peters）指出，如果船代表了那些让人类能居住在海上的一整套艺术和技术，那么火就代表了能让我们栖居在土地上的一整套艺术和技术。在很多方面，我们的艺术和工具、思想和隐喻都是从火的实践中衍生出来的。①从火的使用到电的发现，再到电子信号的闪烁，技艺之火在历史和当下蔓延。到了21世纪的第二个十年，当一种所谓元宇宙艺术的概念诞生之时，人们可以在网络上看到，加密艺术的创作者们将实物转化成数字空间的作品时仍有一个环节——用火去焚毁作品在物理空间中的实体，而转化为一种非物质的存在。不管是作为一种仪式，还是作为一种物质转换形式，火既是中介，也是工具本身，火可以被看作是一种元媒介。

作为艺术与技术的关系的承上启下的环节，本章所论述的正是分身作为一种观念的起点和历史线索、技术在人类社会的不同阶段创造的分身的媒介所构成的视觉变迁、人类借助技艺之火形塑的分身及其外在呈现方式。如果说分身是元宇宙艺术的打开方式，那么本章内容呈现的就是分身的观念如何被抽丝剥茧似的打开。

---

① 约翰·杜海姆·彼得斯. 奇云：媒介即存有［M］. 邓建国，译. 上海：复旦大学出版社，2020.

第一节
分身的观念与视觉的技术化

首先,我们回顾一下前文柏拉图"洞穴寓言"的故事。这个故事包含几个要素:被囚禁的人、洞穴、火光、矮墙、人影和太阳,在柏拉图的知识论中,它们都是探讨真理的对象。人走出洞穴,才得以借助阳光发现世界更为真实的一面。真实与表象,影子与事物之间的判断都通过火与阳光显现出形状,二者都是观察可知世界的媒介。

从柏拉图的哲学现场走出来,让我们再一次观察火,你可以把它看作自然与文化的中介物。在人类社会发展进程中,火促使了从生食到熟食的转变,火催生了以蒸汽机为动力的工业机械文明,火又转化为电能驱动着电气化时代的诞生。火也是巫术抵达人类精神世界的信使,火光簇拥下,人们在岩壁上蘸着颜料画下牛、羊、野兽,象征狩猎与丰收的祈愿。在神话学的体系中有太多关于夜色降临后，在火光中产生对自然的敬畏和未知的恐惧，这也是火所催生的记忆。正是火建立起文明最初的物质序列。古希腊哲学家赫拉克利特（Herakleitus）认为："火是世界的本原，世界过去、现在和将来永远是一团永恒的活火，按一定尺度燃烧，一定尺度熄灭，火与万物可以相互转化"。柏拉图的"洞穴寓言"可以看作是哲学史上关于分身的最初论述，人借助火光看到的影子，即是人在现实世界闪烁的另一种存在，所以，一开始分身的观念就将火作为一种技术媒介的产物，而分身也是从火的技艺中剥离而出，成为人类主体探索世界和认识自我的方式。

第二节
画家之手与镜头之眼的分离

一、从透视法到摄影术

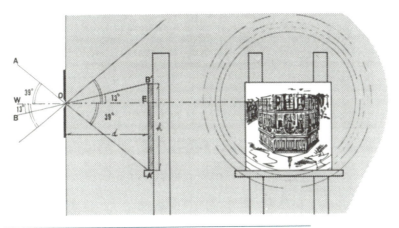

约公元 1415 年,布鲁内莱斯基应用"小孔成像"原理作画图示

对于艺术而言，分身体现在千百年来视觉的技术化进程中。摄影术诞生之前，基于小孔成像原理的暗箱是人们以技术化手段观察世界的手段之一。

另一种方式是画家、建筑师阿尔贝蒂（Alberti）在其好友布鲁内莱斯基（Filippo Brunelleschi）的小孔成像镜面反射试验的基础上所明确下来的几何透视法，他在《论绘画》一著中明确提出空间表现应基于透视几何原理，小孔成像和透视法的传统形成合流，从此被稳固地确定下来，成为传统造型艺术的基础。其实，从14世纪开始，粗糙的透视画法已逐渐出现在欧洲绘画之中，其中的水平线透视变换问题构成了阿尔贝蒂发明其透视法的直接动机。[1]这些基于光学和几何学的观察方式使得画家之手可以描摹出真实可信的客观世界，同时代的画家马萨乔（Masaccio）正是基于透视法，用湿壁画的技法画出逼真的景深效果。此后很长一段时间，画家精练的技法、天才的构想和透视法的结合，使得手与心在对自然对象的观察中分离出第二自然，借助这些技艺人对于自然的模仿能力得到了充分的展示。

随着机械复制时代的到来，摄影术取代了传统的石板印刷和铜板印刷的机械复制技术。摄影术的原理与暗箱有着一脉相承的联系，只不过感光的介质由银板、铜板和胶片代替了画布。1827年，约瑟夫·尼埃普斯（Joseph Nicéphore Niépce）在位于房子顶楼的工作室里，拍摄出世界上第一张摄影照片《窗外的风景》。

---

[1] 王哲然.阿尔贝蒂的透视法及其测绘学背景探究[J].科学文化评论，2013，10（06）：50-64.

第二章
分身的观念：技艺之火的蔓延

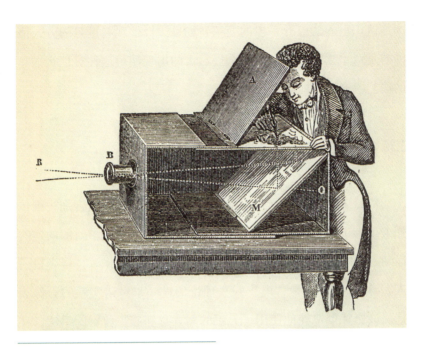

便携式暗箱成为普遍使用的绘图辅助工具

他当时的制作工艺是在白蜡板上敷上一层薄沥青，然后利用阳光和镜头记录下窗外的景色，由于曝光时间长达八小时造成受光不均匀，这张照片离摄影的真实复刻现实还有一段距离。这种被称为"日光蚀刻法"的摄影技术因其烦琐的流程和漫长的曝光时间，随后被尼埃普斯的合作者路易·达盖尔（Louis Jacques Mand Daguerre）[①]改进和发明的"银版摄影法"所取代，真正意义上的摄影术从此诞生。将分身的观念追溯到摄影术出发点的原因在于，

---

① 路易·雅克·曼德·达盖尔（Louis Jacques Mand Daguerre）是世界上第一个使用摄影术的发明人。达盖尔摄影法又称"银版摄影术"，1839年公布于世。直到19世纪50年代的胶棉湿版工艺出现，"银版摄影术"一直是最主要的摄影技法。

这是认识世界的媒介手段的变革，如果说以往观看世界的方式借助的是双手绘制的技艺，那么摄影术的出现使得这种对现实描摹的技艺越来越工具化。

二、镜头之眼的新时空

1923年上映的纪录片《电影眼》展现了苏联导演吉加·维尔托夫（Dziga Vertov）的"电影眼"理论。影片展示了时间的逆向运动。1929年，维尔托夫完成了他的先锋派代表作《持摄影机的人》。这部电影是他"电影眼"理论的进一步付诸实践的影像表达。该影片创造性地使用了大量的蒙太奇和胶片剪辑的手法，在片中苏联时期的乌克兰敖德萨市的城市街景、形形色色的人群等不同的动作和行为、喜怒哀乐，以及店铺、广场和电车、马车等各式交通工具，在不同风格的背景音乐声中形成和谐的动感旋律。在拍摄过程中，摄影师米凯尔·卡夫曼（Mikhail Kaufman）在拍摄的同时也主动地出现在电影画面中，首创了"自我暴露"的电影形式，并采用了仰角、特写、推拉镜头等拍摄手法。在该片的后期制作中，维尔托夫首次使用了二次曝光、快进、慢动作、画面定格、跳跃剪辑、画面分割等剪辑手法，并在影片中穿插几段特意制作的定格动画。[①]列夫·曼诺维奇（Lev Manovich）认为："剪辑，或蒙太奇，是20世纪仿造现实的重要手段。"这种手段是

---

① 范瑞利.纪录电影《持摄影机的人》的文本化效用［J］.戏剧之家，2015（20）.

从模拟技术到数字合成的历史的一部分，维尔托夫的"电影眼"理论试图将电影的机械之眼，作为观察和认知世界的手段，并且是一种可以独立于文学、戏剧之外的艺术语言。

瓦尔特·本雅明在《摄影小史》中指出，"摄影技术发明之后，有史以来第一次，人类的手不再参与图像复制的主要艺术性任务，从此这项任务保留给了镜头前的眼睛来完成，因为眼睛捕捉的速度远远快过手绘的速度，影像的复制此后便不断加快。"① 其实，更准确地说，是摄像的镜头从画家手中接过图像复制的技能，眼睛只需要在这个过程中做出选择和判断。以往靠画家之手描绘世界的任务，在这时转交给了眼睛所盯着的镜头。摄影术的盛行和不断改进的年代也是绘画受到挑战的年代，两者的矛盾在于谁能更快速而高效地把握住现实世界，从结果来看无疑是镜头之眼战胜了画家之手。然而，早期的摄影术并没有完全从绘画中脱离出来，大量以古典绘画为蓝本的摄影照片，以及随后的"画意摄影"都未曾彻底摆脱绘画的限制，直到有了电影。

"如果说石版潜藏孕育了画报，摄影则潜藏孕育了有声电影，电影是在摄影中萌芽成长的。"② 进入20世纪之后，电影可以说是更具现代意义的视觉技术媒介，它与同时代如火如荼的第一次工业革命一起勾画出人类社会的新面貌。视觉文化研究者尼古拉斯·米尔佐夫（Nicholas Mirzoeff）认为，20世纪观看世界的两个

---

① 瓦尔特·本雅明. 摄影小史［M］. 许绮玲，林志明，译. 桂林：广西师范大学出版社，2018.
② 同上。

重要的形态，一个是1840年以来的工业革命中出现的铁路网络，结合摄影术和电影，创造了一种视觉世界形式；另一个是互联网，它所创造的分布式网络正在制造另一个世界，而我们可以通过小像素屏幕观看这个世界。① 对于第一个视觉世界而言，现实空间以时间为单位被重新划分，电影以分秒为单位让事物如眼之所见地流动起来；在最早的电影作品《火车抵达拉西约塔》中，人类因为对视觉暂留的不适应，观看电影屏幕还是会产生轻微的眩晕，而这种令人"震惊"的体验，正是现代生活经验的一部分。火车改变了人们的生活方式，而现代的时区概念的建立，也是为了制定精确的火车时刻表。类似维尔托夫的"电影眼"理论，正是体现出电影的早期实验试图利用摄影机把人眼从局限性中解放出来，而成为一种新的感官系统，让机械的眼睛成为观看世界的新方式。

总而言之，盛行于19世纪末至20世纪初的摄影和电影、电报、电气化的新发明，改变了人类的空间感觉和时间感觉。在此期间的技术、艺术和科学的成就第一次集结，打破了以往静态的、存在已久的时间结构和空间结构；人们冲出以往岁月中无法克服的空间和时间局限；白天和夜晚并不以日升日落来作为分界，而是因电灯的出现而重新划分。人们聚集在剧场中观看着电影放映机将时间一帧帧地切割、加速、倒放、拼贴，这些全新的视觉

---

① 尼古拉斯·米尔佐夫.如何观看世界[M].徐达艳,译.上海：上海文艺出版社，2017.

形式不断地挣脱时空的束缚，并带来新的体验。[1] 画家之手与镜头之眼分离的演变，其实也是分身的观念再一次被提示出来的证明，正在形成中的现代化社会，人们希望借着工业革命所燃起的第二把技艺烈火，去还原并贴近一个日益加速、变动不居的世界。而米尔佐夫所谓的第二个世界的观看，正是接下来要展开的内容。

---

[1] 诺沃特尼.时间：现代与后现代经验［M］.金梦兰，张网成，译.北京：北京师范大学出版社，2011.

第三节
技术物与身体的延伸

一、所有演示之母

如今，人们利用电脑处理各种事务、收发邮件、浏览世界上正在发生的千奇百怪的事情，或者用各种软件程序在数位空间中建立起平行于现实的另一个数字世界。在这些日常情境中，人们已经熟悉了用手指操控并下达指令，而最初也正是手指的一些简单动作指令在20世纪60年代的一场现场演示中，撬动着当下的世界。

2008年，美国《连线》杂志与道格拉斯·卡尔·恩格尔巴特[①]

[①] 道格拉斯·卡尔·恩格尔巴特（Douglas Carl Engelbart，1925—2013年）：美国发明家，瑞典人和挪威人后裔。他是人机交互的先驱。他和他的团队发明了鼠标，开发了超文本系统、网络计算机及图形用户界面，并在1968年的所有演示之母中介绍了这些发明。他致力于倡导运用计算机和网络来协同解决世界上日益增多的紧急而又复杂的问题。

（Douglas Carl Engelbart）进行了一次对话，再次谈起半个世纪之前被称为"所有演示之母"（The mother of all demos）的革命性时刻。1968 年 12 月 9 日，在旧金山召开的计算机协会暨电气电子工程师学会（ACM/IEEE）秋季联合会议上，恩格尔巴特和其工作团队用 90 多分钟的时间演示了他们研发的 NLS 系统（On-Line System）——一个完整的计算机软硬件系统。这场演示已经展示出现代计算机几乎所有的基本要素：窗口、超文本、图形、高效导航和命令输入、视频会议、计算机鼠标、文字处理、动态文件链接、远程在线、版本控制和协同工作的实时协作编辑器。恩格尔巴特和其团队第一次在单一操作系统中公开演示这些元素。这次演示产生了巨大影响，并在 20 世纪 70 年代早期催生了施乐帕罗奥多研究中心（Xerox PARC），开发出类似的计算机研究项目。到了 20 世纪 80 年代，NLS 系统基本的设计思路和基础技术构架影响了苹果公司麦金塔（Macintosh）操作系统（我们日常使用的苹果 Mac 电脑的前身）和微软的图形用户界面的产生。如果说以往的视觉技术为我们提供了观察世界和再现世界的方式，而以计算机为基础的视窗系统为在信息空间中重新构筑世界提供了方向。身体在此时不只是器质性的延伸，同时带来意识和思维上的改变。

1964 年，马歇尔·麦克卢汉（Marshall McLuhan）出版《理解媒介：论人的延伸》一书，他指出媒介就是人的延伸，锤子是手臂的延伸，车轮是脚的延伸，媒介的演变过程也是人的身体的不断拓展。法国技术哲学家吉尔伯特·西蒙栋（Gilbert Simondon）

认为，现代技术的特性就是以机器为形式的技术个体的出现。在此之前，人持有工具，人本身是技术个体；而如今，机器成了工具的持有者，人已不再是技术个体；人或者为机器服务，或者是组合机器：人和技术物体的关系发生了根本性的变化。西蒙栋关于技术论述的年代，也正是计算机和信息技术方兴未艾的时代。他预言般地论述了人与技术物的关系——两者并不存在割裂，而是一种共生。所以，分身在此不只是指人的身体从技术物中分离出来，同时技术物自身也在形成自己的分身。西蒙栋所秉持的正是一种过程哲学，他认为，技术物并不是一个预先存在和完成状态的物质实体，而是一个不断生成的过程；这一过程具有系统性和整体性，不断朝向开放的未来。西蒙栋的这些关于技术物的思想启发了唐娜·哈拉维（Donna Haraway）对赛博格（Cyborg）中身体的论述，以及"后人类"思想中对人的重新构建。

其实，"所有演示之母"并非凭空产生，它的思想来源早在1945年夏天便被提了出来，美国工程师范内瓦·布什（Vannevar Bush）在《大西洋》杂志上发表的一篇题为《诚如所思》的文章便勾画出了基本的模型，"想象一个未来的设备……人们可以在其中存储所有的书籍、记录和通信信息，并且可以以极高的速度和灵活性与这种机械设备进行互动咨询。这种设备是对人本身记忆的直接扩大和补充。"范内瓦所谈的正是后来被命名为"麦克斯储存器"（MEMEX）的设备，它有着半透明的屏幕、一个键盘、一系列按钮和把手，文献资料可以投射在上面进行阅读；它的一端具有存储功能，设备的体积会因微缩胶片技术被缩小。作为人类行为的辅助设备，它是人脑的无限扩大。范内尔的这个构想奠定了后世个人计算机、信息检索、超文本、超媒体、在线公用目录、全球网络及数字图书馆等技术发展的方向。

以上可以看出计算机具有多功能性和虚拟性的特征，但作为一台计算的机器，它并不具备更为内在的功能。然而，通过它的软件和程序设计，它可以模拟一些现有的设备和人类活动，从而成为一个虚拟的计算器、打字机、唱片机、讲故事的人、保姆、教师、簿记员或各种问题的顾问。它成为一个虚拟世界和生活空间。[①]20世纪60年代计算机和信息技术的出现所开启的时代，已经不是如何观看世界的问题，而是如何创造世界。技术变革带来工具的改进和思维的突破，使人们不仅试图在破除时空，而是再造时空，再造物质。身体从技术媒介中分离出来，意识从技术媒介中分离出来，通过"0"和"1"的二进制所构建起来的信息系统，使得分身可以在肉眼看不见的电路中自由流动。

二、蜂鸟与磁铁

那么在艺术领域有哪些案例和作品同样与技术物和身体的延伸有关呢？20世纪60年代是艺术与科技广泛融合的年代，不管

[①] Ryan Marie-Laure. *Narrative as Virtual Reality 2-Revisiting Immersion and Interactivity in Literature and Electronic Media*. Johns Hopkins University Press, 2015.

是著名的贝尔实验室①、技术与先锋艺术结合的"E.A.T."系列艺术项目②，还是观念艺术的发展，都可以看到技术成为艺术探索新的表达方式的手段和思想来源。

1967年，艺术家和程序员查尔斯·克苏里（Charles Csuri）利用当时十分先进的IBM704型号计算机创建了30 000多张蜂鸟的图像，每一张图像都用一个微缩胶片绘图仪绘制在胶片上，用打孔卡一帧帧地编程，然后由计算机自主生成了一部12分钟的动画短片《蜂鸟》。这是最早的计算机动画片之一。在这部影片的前奏部分，对影片的制作方式进行了概述，这对当时许多计算机生成艺术来说是非常有用的入门知识。克苏里创造性地将蜂鸟这样一个具体的形象导入计算机的图形系统，以往大多数与计算机相关的作品都是以抽象化的方式呈现。即使是艺术家也常常将计算机视为抽象数学公式的可视化工具。为了制作这部动画短片，超过30 000张由计算机生成的独立图像是早期电脑动画所需的复杂和劳动密集型操作的例证。《蜂鸟》随后被纽约现代艺术博物馆购买，成为首批进入现代艺术博物馆（MoMA）收藏的计算机生成的艺

---

① 1925年1月1日，美国电话电报公司AT&T总裁华特·基佛德（Walter Gifford）收购了西方电子公司的研究部门，成立一个叫作"贝尔电话实验室公司"的独立实体，后改称贝尔实验室。贝尔实验室至今共获得25 000多项专利，是晶体管、激光器、太阳能电池、发光二极管、数字交换机、通信卫星、电子数字计算机、C语言、蜂窝移动通信设备、长途电视传送、仿真语言、有声电影、立体声录音，以及通信网等许多重大发明的诞生地。

② 1967年，由工程师比利·克鲁弗（Billy Klüver）、弗雷德·沃尔德豪尔（Fred Waldhauer）和艺术家罗伯特·劳申伯格（Robert Rauschenberg）、罗伯特·惠特曼（Robert Whitman）发起了"艺术与技术实验"（Experiments in Art and Technology，简称E.A.T.）系列项目。该团体旨在促进艺术与新技术之间的合作。

术作品之一。

之所以选择《蜂鸟》作为案例来探讨，是因为它跟同时代诞生的计算机艺术作品相比有着更强烈的人文特质，并与同时期盛行的抽象艺术和极简主义的面貌拉开了距离。形象再造和数据序列可以看作是这件作品所体现出的语言方式。之后的很多计算机艺术作品也在对形象的不断衍生和对数据序列的破坏中继续展开这一命题。同时，这部影片一开始出现的清晰的蜂鸟图像会随着视频的播放而逐渐模糊直至形象无法辨别，由具象而遁入抽象的这一过程也是计算机艺术独特的语言方式之一。

另一件同样与屏幕和身体有关的作品《磁电视》是录像艺术先驱白南准在 1965 年的作品。他在作品中利用磁铁和屏幕显像管之间的电磁效应，去改变偶然形成的电视图像的形状和结构。这件作品由一个 17 英寸的黑白电视机组成，上面放着一块可以手握移动的 U 型磁铁。磁场干扰了电视对电子信号的接收，将画面扭曲成一种抽象的形式，当磁铁被移动时图像就会发生变化。当时正是控制论大行其道的年代，控制论破除了传统力学中物理学与生物学的区分，而强调一种机器与人之间的随机性，即万物皆可沟通。在控制论的语境中，白南准所奉行的也是一套"受控随机"的互动和反馈模式。当人手握磁铁去改变图像的形状时便建立了一个即时反馈的过程，观众的行为对作品的形式和意义有直接影响。

不管是《蜂鸟》作品中计算机生成和操控的鸟的形象，还是《磁电视》中的磁铁，都反映出一种技术物与身体之间的模式，前者使技术参与到视觉的呈现，后者借助磁铁的物质和电子信号属性使身体的动态变得具体可见。虽然在这两件作品产生的年代前后还有很多类似的作品,其中有些作品可能比这两件作品在视觉上更加炫酷和引人注目,但是这两件作品都在探讨一个身体延伸之后的技术与人之间何为主体的问题,技术媒介并不需要分毫不差地去控制偶然性的生成,重要的不是技术,而是过程性和随机所形成的不确定性构成的艺术的"新感受力"。

第四节
虚拟现实的千身千面

一、重组的现实

图灵奖获得者伊凡·苏泽兰（Ivan Sutherland）被誉为"计算机图形学之父"，他早在1965年便发表了一篇名为《终极的显示》的论文，讨论了交互图形显示、力反馈设备以及声音提示的人机交互显示系统，提出了电子显示屏可以被当作"一个通过它观看虚拟世界的窗口"等设想。他所描述的技术设想就是现在我们经常谈到的虚拟现实技术。三年后，伊凡在其合办的公司成功研制了论文中的实体物件——一个带有人眼跟踪器的头盔式显示器（Helmet-Mounted Display，简称HMD）。从原理上来讲，伊凡的发明可以追溯到19世纪的立体视镜，在他之前费尔科（Philco）公司发明了最早的与之相似的头戴显示器，当年还有莫顿·海利格（Morton Heilig）制作出头戴式立体电影观看设备，而伊凡是同时代唯一将这种技术引向互动式虚拟世界的人。

随后的几十年，数字成像、位置感应、计算机图形等基础技术的研发沿着伊凡的设想，使得虚拟现实技术在摸索中前进，而真实可触般的互动却依旧遥远。然而，这些设想在文学作品中被扩散开来并朝向无限驰骋。1984年，威廉·吉布森（William Gibson）发表小说《神经漫游者》，在之后的三部曲中他用计算机模拟、网络和超文本窗口构架在书中构建出赛博空间（Cyberspace）的最基本位置和坐标。书中的主角计算机牛仔凯斯通过电缆把自己的神经系统与计算机网络连接起来，他可以超越肉体束缚而穿越其间。吉布森的赛博空间观念对三维虚拟现实成像软件的发展产生了巨大的影响。他的想象已经超越了当时的技术，即便是在当下，吉布森描写的通过电缆在大脑和计算机之间直接进行神经连接仍旧是无法实现的事情。

20世纪80年代，立体视觉眼镜、VR手套（又名赛尔手套）以及更轻便的头盔显示器流行起来。当虚拟现实技术在20世纪90年代初闯入公众视野时，与其说它是通过一个革命性的计算机系统，不如说是通过一种宏大的修辞手法。虚拟现实的概念在其预言者的大脑中完全形成，而媒体向公众展示了它处于完美的实施状态。[①] 虚拟现实的鼓吹者和主要推进者杰伦·拉尼尔（Jaron Lanier）认为："作为当今时代的一种前沿科学、哲学和技术，VR

---

① Ryan Marie-Laure. *Narrative as Virtual Reality 2 - Revisiting Immersion and Interactivity in Literature and Electronic Media*. Johns Hopkins University Press, 2015.

是一种创造全面幻想的手段。在 VR 中,你可以想象自己所处之地与众不同,你可能身处幻想的外星环境,也可能拥有非人类的身体。而在人类的认知和感知方面,VR 又是研究人类存在的最具影响力的手段。"①随着互联网进入人们的生活,电脑所具备的数字造物属性被扩大,尽管互联网与拉尼尔所设想的三维立体、感官的沉浸式体验和人机互动的情境仍有很大的差别,但是网络空间继续承载着虚拟现实未竟的事业。"网络空间"的特质同样被虚拟的标签贴满,你可以拥有虚拟的身份、虚拟的朋友、虚拟的爱人;你可以在虚拟的课题学习、在谷歌街景里走遍世界、在虚拟博物馆中观看作品……在这个过程中,"当你认为信息比物质形态更具活力、更重要、更本质,当这种印象成为你文化观念的一部分时,你就已经进入虚拟性的情境。②所以,虚拟现实在认知层面使人认同一种更本真的现实,可以跳出已经铁板一块的现有秩序,可以重新组织理想世界的数字模型。这也是元宇宙技术乐观主义中最核心的议题。

凯瑟琳·海勒(N. Katherine Hayles)认为:"虚拟现实的技术之所以令人着迷,是因为它能让人们通过视觉方式直接无碍地感知与真实世界平行的信息世界。在很多地方,通过很多方式,信息世界与真实世界相互交织在一起。因此,这个定义的战略性特征

---

① 杰伦·拉尼尔. 虚拟现实:万象的新开端[M]. 赛迪研究院专家组,译. 北京:中信出版社,2018.
② 凯瑟琳·海勒. 我们何以成为后人类:文学、信息科学和控制论中的虚拟身体[M]. 刘宇清,译. 北京:北京大学出版社,2017.

在于：它致力于把虚拟技术与人的基本感觉连接起来。"[1] 从最初的发端开始，对感觉和感知的强调一直都是虚拟现实技术试图在人与机器之间建立的媒介系统，这种追求的方向试图还原的也是一种更真切的技术化体验，视觉的需求已经不再是唯一，更包含一种全知全觉的身心模式。如今，人们可以感受到虚拟现实所包含的视觉意义，已经不再是现实的再现，而是超越现实的空间限制，在数字空间中形成一个自由驰骋的身体，从头到脚都可以被建构和拆除、改写和刷新、记录和存储，人可以有千张面孔、千副身体。

至此，一个关于元宇宙的技术路线图被初步划定。沿着这条漫长的分身观念的转变和视觉的技术化之路，我们可以看到技术媒介由身体工具性的一部分，变成身体的延伸和替代，而后又独立地跳出现实中的身体，成为虚拟的化身。当下在元宇宙概念下谈论的艺术，正是基于这么一条视觉的技术化之路才得以存在。

二、再入"洞穴"

人们从未停止过对超越时空的想象，这一点在虚拟现实的语境中也转化成借助技术去摆脱肉身束缚、以人机组合的方式实现在数据空间中的互动。在艺术探索具身和非具身的空间感知方面，大多数早期的虚拟现实项目会采用实体空间和虚拟世界混合

---

[1] 凯瑟琳·海勒. 我们何以成为后人类：文学、信息科学和控制论中的虚拟身体［M］. 刘宇清, 译. 北京：北京大学出版社, 2017.

第二章
分身的观念：技艺之火的蔓延

EVE 外部入口现场照片

资料来源：https://www.jeffreyshawcompendium.com/platform/eve/

EVE 内部空间效果图

资料来源：https://www.jeffreyshawcompendium.com/platform/eve/

的沉浸效果。1993年,邵志飞(Jeffery Shaw)与卡尔斯鲁厄研究中心合作发起了一个研究和开发项目"EVE"(Extended Virtual Environment,扩展的虚拟环境)。它包括一种新形式的交互式、沉浸式可视化环境和虚拟现实设备的概念和技术发明。它把空间分成可以观看的三维图像和观众与空间的互动两部分。从外部看,它有一个大型的充气穹顶构成的封闭空间,内部有两台视频投影仪,安装在一个电动控制的可以平移的机械臂上,可以实现在穹顶内壁的任何地方移动投影图像。这两台视频投影仪呈现出一对立体图像,戴着立体眼镜的观众可以看到三维的投影图像。

在EVE中,观众戴着一个具有定位感应功能的头盔,头盔上面有一个附加的空间追踪装置,可以识别头部位置和角度。这就控制了视频投影仪的定位,使投影的图像总是跟随观众的目光方向。通过这种方式,观众可以控制整个穹顶表面的画框移动,并互动式探索那里呈现的视频或计算机生成的虚拟场景。同时,一个可选的操纵杆将允许观众在周围的虚拟空间中控制自己的前后移动。这件作品营造了一种沉浸式环境,观看到的图像完全取决于观众的选择,在这种情形中我们很难说是人控制了机械设备,还是机械设备决定了人的视野。

在这件作品之后,邵志飞又与德国艺术家伯纳德·林特曼(Bernd Linterman)合作完成了作品"重新配置洞穴"。这件作品是对1997年东京原创装置"配置洞穴"的一次结构性修改,用触摸屏上的虚拟木偶模型界面取代了原来的木制人体模型。这一补充带来了一个重要的变化,即开放的触摸程序配置允许更多公众参与到这项工作中来,并且能够实现更好的移动和陈设便于巡回展示。这件作品是一件基于计算机的互动视频装置,它设定了一套技术和图像程序,以确定身体和空间各种范式的结合。该作品利用技术的立体虚拟现实环境,在三面墙和地板上进行连续投影。用户界面是一个近乎真人大小的木偶,它就像普通艺术家的人体模型一样;观众可以操控这个木偶来控制计算机生成的图像和声音组合进行实时转换。

这件装置作品的中心是一个触摸屏上的虚拟木偶,观众可以用它来控制视听空间中的转变。观众被邀请来操控这个木偶,以他们希望的任何方式移动身体、四肢和头部,这样做的时候他们可以打开并探索七个虚拟词语(物质、语言、整体、交往、联合、个人、新兴)中每一个对应的影像。观众可以通过移动木偶的手,使其先遮住木偶的"眼睛",然后再移开,这样便从一个世界移动到了另一个世界。在每个词语对应的影像中,木偶的互动功能略有不同,观众将发现图像和音乐能够回应他们操控木偶的不同方式。这七个词和界面空间对应展示了七个不同的视听世界,它们共同构成了关于身体和空间结合的主题的美学和概念性论述,并创造了一个开放式的叙事结构,每位观众都可以互动式重组图文之间的解释。

这两件作品形成的空间和体验方式很容易让人想到柏拉图"洞穴寓言"中人类如何借助表象世界去认识现实和感知世界的模型,囚徒通过穴壁上的影子来定义现实的基础。在 EVE 中,人们进入洞穴般的空间,在穹顶的墙壁上观看图像,这些图像就如同

"洞穴寓言"中火把所映照出的人影,只不过在这里"影子"由人的移动和操控手柄来调动;"重新配置洞穴"同样创造了一种沉浸式环境,人、技术设备和投射的图像三者之间形成了一种观看和认知关系。这两件作品也可以对应到关于虚拟现实最简洁的解释——人们使用 VR 头戴式设备、控制器和手套等电子设备在数字三维空间中进行交互。由此,我们可以将虚拟现实技术看作是人类借助技术媒介,再入柏拉图的"洞穴",只不过此时有着可以活动的手脚、自由的描绘和配置虚拟现实所需的一切。

在杰伦·拉尼尔最初的设想中,"VR 的最初含义是指一种现实,它使用户完全沉浸在一个由计算机生成的三维世界中,并允许他们与构成该世界的虚拟物体进行互动。"[①]那么 2016 年谷歌发布的一款应用程序 Tilt Brush,无疑使人在虚拟现实的洞穴中有了更加自由的发挥空间。Tilt Brush 是一款 3D 虚拟现实绘画应用,它与兼容的耳机和触摸控制器配对之后可以在虚拟空间中使用各种画笔、效果和工具来创作 3D 绘画。人们戴上 VR 头盔之后,进入一个作画的虚拟空间,可以控制画笔,并在虚拟环境中创作作品。首次发布之后的几年里,Tilt Brush 已经取得了长足的进步。2021 年 1 月,谷歌宣布将 Tilt Brush 开放源代码。这意味着,虽然谷歌将不再开发该应用程序,但其代码将是公开的,因此任何人都可以制作属于自己版本的虚拟现实绘画。

虚拟现实由最初的设想延伸出各种各样的文化想象和技术创

---

① Christiane Paul. *Digital Art*.3rd ed. London: Thames & Hudson, 2015.

造，从心理成因上来说包含人类重生和转世的欲望，放弃现实中被束缚的肢体，在虚拟空间中重新构建可以任意更改的千身千面，一方面重新组织了现实世界，另一方面也重新装配出一具数字躯体。然而需要反思的是，我们很难说清楚基于数字技术和技术设备的虚拟化身会不会让人成为另一种形式的数字囚徒。美国著名科幻作家金·斯坦利·罗宾逊（Kim Stanley Robinson）在谈到《仿生人会梦见电子羊吗》时指出，仿生人也有直觉。它们不只是可以飞速运算的机器，它们也会思考、睡觉和做梦。由此引发了一个更大的问题：什么才是人的特质？虚拟现实也好，元宇宙也罢，先抛却基础技术还没有完全成形的限制，我们必须反思当身体和关于身体的数据都交付给技术之后，人类自身还能控制什么？

第五节
艺术世界的分身与元宇宙

一、元宇宙重塑的艺术世界

国内外有三种关于元宇宙的代表性解释：（1）复旦大学新闻学院传播系教授邓建国表示："元宇宙并不是特指某种单一的技术或应用，而是指一种基于增强现实（AR）、虚拟现实、混合现实（MR）技术的 3D 空间、生态或环境。它不是脱离现实世界的异托邦，而是与现实世界的交互混同。元宇宙技术的本质是'数字孪生'（Digital Twins）技术，即如何通过各种记录型媒介生成一个现实世界的丰满的数字版本（化身），并在两者之间实现互操作（interoperability）。"（2）清华大学新媒体研究中心发表的《2020—2021 年元宇宙发展研究报告》中提出：元宇宙是整合多种新技术而产生的新型虚实相融的互联网应用和社会形态，它基于扩展现实（XR）技术提供沉浸式体验，基于数字孪生技术生成现实世界的镜像，基于区块链技术搭建经济体系，将虚拟世界与现实世界在经济系统、社交系统、身份系统上密切融合，并且允许每个用户进行内容生产和世界编辑。（3）韩国科学技术院助理教授李一恒（Lik-Hang Lee）等人提出："我们将元宇宙视为一个由互联网和网络技术以及扩展现实的融合所促成的物理和数字的虚拟环境。"①

元宇宙是一种综合性技术，是一种现实与数字世界的混合，同时正成为我们身处的非物质世界的一部分。2021年被称为元宇宙元年，不管是科幻小说家尼尔·斯蒂芬森（Neal Stephenson）的科幻小说《雪崩》的出处，还是扎克伯格（Mark Elliot Zuckerberg）将"Facebook"更名为"Meta"的营销事件，元宇宙所开启的正是基于数字技术革命的一种超越现实物质的世界观。这个世界由大数据、人工智能、Web 3.0和虚拟现实等技术所展开的新文化、政治、经济和未来的想象构成。更准确地说，元宇宙是数字技术和信息构成的时空，是一个正在生成中的平行宇宙。所谓元宇宙艺术正是建立在这一套技术和认知系统之上。艺术史家阿瑟·C·丹托（ArthurC Danto）曾提出"艺术世界"（Art World）的说法，并将它定义为艺术作品产生的文化和历史语境，它是由围绕着作品展开的一系列解释、范例、评价的价值评判构成，诸

---

① 参考自 https://www.researchgate.net/publication/355172308_All_One_Needs_to_Know_about_Metaverse_A_Complete_Survey_on_Technological_Singularity_Virtual_Ecosystem_and_Research_Agenda。

个环节共同构成了创作、展示和收藏艺术作品的互文关系。元宇宙与艺术的结合无疑是另一个艺术世界，创作、传播、展示、收藏的每个环节和方式都挑战着原有艺术世界的体系。它既是一种数字艺术的表现形式，也是现实艺术系统之外的分身。

元宇宙艺术包含各种拓展现实的数字艺术类型，比如虚拟现实艺术、增强现实艺术、加密艺术、互联网艺术等。与一般的数字艺术相比，元宇宙艺术具有以下几个特点。

首先，元宇宙平台本身就是一件融合了各种艺术表现形式的数字艺术作品，比如元宇宙的主流应用平台 Cryptovoxels、Decentraland 和 The Sandbox，这些平台类似线上游戏，人们可以登入并在其数字世界内游览观赏世界不同用户在虚拟地块上构筑的建筑空间、在空间内呈现的艺术作品，通过虚拟的身份进行线上浏览与交流，深度玩家还可以进行 NFT（非同质化代币）交易等。这三个平台有着不同的画风和游玩机制，比如 Cryptovoxels 直译过来就是隐秘的立体像素，voxels[①] 就是像素这一影像数据最小单位的立体版本，国内常把 Cryptovoxels 简称为 CV，它有着像素风格的外观，类似游戏《我的世界》的成人版，可以在更广阔的维度展开创作。同时，CV 也是一个开放的系统，人们可以通过链接和数据坐标进行访问，其生产的 NFT 作品可以与交易平台 OpenSea

---

[①] voxels 是指体素或立体像素，是体积像素（volume pixel）的简称。概念上类似二维空间的最小单位——像素，像素用在二维电脑图像的影像数据上。体积像素一如其名，是数字数据于三维空间分割上的最小单位，应用于三维成像、科学数据与医学影像等领域。

打通,在 CV 的数字空间上可以根据街区位置、面积大小、高度等选择正在出售的虚拟土地,以及 3D 建模的其他各种数字资产。CV 是一个构建在以太坊链上的虚拟世界,玩家可以买卖并建造虚拟美术馆、商店以及能想象到的任何东西。网站内置了编辑工具、真人虚拟形象和文字聊天。人们甚至可以整体上将 Cryptovoxels、Decentraland、The Sandbox 看作一件元宇宙艺术作品,或者一个相对于现实世界而孪生的艺术世界。

其次,元宇宙艺术是建立在虚拟性的基础之上的无限创造。这种虚拟性使其成为现实世界和艺术世界的数字镜像,所有在原有世界中的事物都可以在元宇宙里找到一种存在形式。线上艺术作品、画廊和美术馆并非新生的事物,比如谷歌在 2012 年就发起了一项艺术计划(Art Project),世界各地博物馆与之合作,利用谷歌街景技术拍摄博物馆内部实景,并且以超高解析像素拍摄馆内历史名画,供全球用户欣赏。网站很好地展示了来自各种文化与文明的艺术作品,用户只需轻动手指,点击几次鼠标,就不仅能够查看各种绘画作品,还可以欣赏雕塑、街头艺术,以及各类图片等。该计划目前已与 40 多个国家的将近 200 家艺术机构展开合作,有几万件作品已收录进数据库;它提供详细的作品信息、高分辨率的作品图片,用户可以从中挑选作品组建自己的艺术馆,并将相关的作品构成一个知识网络。元宇宙艺术的虚拟性是建立在另一套系统之上的呈现方式,比如位于 Decentraland 的画廊"Studio Nouveau Art Gallery"[①]建筑外部的是一个简单的露天盒子，有很多入口和大型海湾式凸窗，以米色、蓝色、黑色和木色的混合色为主色调。大窗户可以使人从外面瞥见画廊，从外面可抵达楼梯入口。画廊的入口处有一个看起来很精致的木块，上面写着"Studio Nouveau"，可用作迎宾垫。画廊内部是一个开阔的空间，以抽象雕塑、加密艺术品和视听作品的展示为主。画廊有五层楼，布局相似。展厅中央有两个展区，里面摆满了加密艺术品，而这些艺术品也从各个方向排列展示在画廊的墙壁上。顶层是一个漂亮的瞭望台，可以俯瞰整个 Decentraland 的世界。瞭望台的布局与画廊的其余部分相似，并坐落着两个巨大的抽象雕塑。[②]二者对比，我们可以看出谷歌的虚拟性是建立在原有的文化系统之上，特别是博物馆的经典展示框架之上，而元宇宙艺术的虚拟性是在数字空间中的重新创造，并且其作品和数字空间本身在区块链技术下可以进行虚拟货币交易，作品和场馆都具备经济价值流通的属性。

最后，元宇宙艺术具有很强的自组织和社区化特质。元宇宙建立在区块链技术之上，那么与艺术相关的创作、展示和传播也同样具备去中心化的特点。不管是以"以太坊"的签名和代码作为进入元宇宙的方式，还是位于不同应用平台的虚拟作品，元宇宙可以让任何一位具备相关知识和技术的人在虚拟平台中创建自己的数字身份和标识，并在平台上组建交流和沟通的网络。

---

① 参考自 https://play.decentraland.org/?island=Igzd9&position=-104%2C-27&realm=dg。
② 参考自 https://www.leyeng.com/metaverse-explorer-decentraland-gallery/。

二、火焰中的重生？

2021年3月初，一家区块链公司和一群匿名的加密货币爱好者在一场拍卖中以9.5万美元的价格购买了班克斯（Banksy）的丝网印刷版画《蠢货们》，之后对外公开烧毁了这件作品，并在推特账号上直播。烧毁这件作品的目的是将其变成区块链上的一件NFT艺术作品。而焚烧是将该作品转化为NFT的虚拟资产过程中不可或缺的一个环节。这个事件再一次引起人们关于加密艺术的争论，一部分人相信NFT可以革新传统艺术市场，另一部分人持反对意见，认为NFT平台基本上只是在复制甚至加剧艺术市场更糟糕的一面。我们很难说班克斯的作品借助火焰在元宇宙的世界获得了新生，它只是获得了另一种可以兑换虚拟货币的通行证。

同样糟糕的是，很多与加密艺术相关的营销事件都和以上直播行为类似，基于区块链和以太坊的加密艺术常常被看作是元宇宙艺术中被拿来营销的一种艺术类型。从概念上来说，加密艺术也被称为NFT艺术，NFT用来表示数字资产，比如图片、视频、GIF或者数字模型等，每一份数字资产都有唯一的加密货币代码，可以依靠区块链进行交易。NFT的最大特点在于其唯一性，每一个NFT都是独一无二、不可互换的。加密艺术的概念尚没有一个准确、全面且清晰的定义，但是有一个基本的共识是，加密艺术是与区块链技术相关的一类艺术。加密艺术目前主要通过NFT方式，将传统的艺术品或数字艺术品铸造在区块链上，实现艺术品的加密、持有和流通。①大多数情况下，与其说加密艺术是一种艺术类型，不如说它是一份数字藏品或数字资产。加密艺术的热潮与艺术相关的成分只是对传统艺术类型的最初级的模仿和数字化转换阶段，或者借助动画、电影或计算机图形技术的视觉效果营造出的新奇的观感，然而其艺术价值很难定位，并且与真正有着几十年发展历程的数字艺术进程相比，加密艺术更像是资本扩张所催生的一朵奇葩。它挑战着以传统货币交易为基础的艺术系统，却并没有创造除了天价拍卖之外的价值；其标榜的去中心化也常常由于技术的门槛而成为少部分玩家的资本游戏。诚然，NFT 使很多数字艺术家，尤其是那些没有传统美术教育背景的艺术家靠作品赚到了以前从来没有赚到过的钱，但是驱动 NFT 艺术市场的似乎更多是潜在的金融机遇（有时也是风险）或是以大众明星的影响力所带动的粉丝经济，在其中没有对艺术的鉴赏，也没有对文化价值的判断。

  本章对技艺之火催生的分身的观念和艺术进行线索性梳理，将元宇宙的起点放到"长时段"的艺术史和技术史的背景下，以及二战以后数字艺术诞生的媒介变革和感知方式变化的视角中去看待。正是一条视觉技术化的线索使得我们可以更客观地找到分身的观念在以往的存在方式。不管是创世神话中对现实之外未知的膜拜，哲学上对理想国的遐想，还是工程师所试图创建的技术乌托邦，元宇宙孕育在人们观察世界、认识世界、改造世界的进

---

① 参考自 https://baijiahao.baidu.com/s?id=17304994046325569033&wfr=spider&for=pc。

程中，虚构的冲动和能力成为人类展开想象的工具；分身的观念借助不同时期的技术媒介不断地推演着虚构世界的诸多方式。由此，可以说元宇宙艺术，即是一种分身的艺术。

第三章

分身的媒介：忒修斯之人终归何处

平行宇宙：岁月神偷

忒修斯之船（Ship of Theseus）原本是一艘以雅典国王忒修斯（Theseus）的名字命名的英雄之船。在忒修斯还是王子时，雅典受制于克里特，每年需要向其迷宫里半人半牛的怪物米诺陶洛斯（Minotor）献祭未成年男女。为了避免悲剧再次发生，忒修斯主动请缨奋勇前往，最终，机智的他利用线团不让自己迷路，杀死了怪物。忒修斯和雅典的其他年轻人乘坐一艘有30支桨的船凯旋后，这艘船作为英雄赫赫战功的象征之物被保留下来。100多年来，为了保存此船，雅典人不断维修并更换零件。岁月流转，不知不觉中忒修斯船上的所有零件都被更换了一遍，于是一个发人深思的问题来了：被修复一新的船还是忒修斯之船吗？如果不是，那么它又是在什么时候变成了另一艘船呢？这一有关"同一性"的经典悖论引发了包括赫拉克利特、苏格拉底（Socrates）、柏拉图、普鲁塔克（Plutarch）、托马斯·霍布斯（Thomas Hobbes）、约翰·洛克（John Locke）等历代哲学家的讨论。霍布斯更是对这一讨论进行了延伸——如果用从忒修斯之船上取下来的老部件重新建造一艘船，那么两艘船中哪艘才是真正的忒修斯之船？

在神不知鬼不觉中将忒修斯之船变得面目全非的幕后玩家其实是时光。新旧甲板、零件等只是"乱花渐欲迷人眼"的相，隐匿在其背后的则是"无常之常"。在中国，同样有表现新旧媒介由量变而发生质变的故事，即为其一。"偷梁换柱"的成语典故源于《三十六计》中的第二十五计，"阵有纵横，天衡为梁，地轴为柱"（此处的梁、柱都是军阵的单位）。这说的是与友军联合作战，应设法多次变动友军的阵容，暗中派自己的部队去代替其梁柱，最后达到吞并的目的。与此意思接近的其他成语还有"偷天换日""移花接木"等。

今天的我们也将面临和雅典人同样的困扰：随着人类在比特（BIT）世界里一步步创建元宇宙，直到最后虚拟世界可以慢慢代替原子世界，人类将物质转换为意识，并且借助数字分身（Avatar）在元宇宙里自由活动。那么对于"后人类"来说，虚拟世界和现实世界哪个才是真实的世界？肉身和分身哪个才是真我？作为忒修斯之人，又将终归何处？

第二章着重阐释了分身作为一种观念的起点和历史线索，以及技术在人类社会的不同阶段所呈现的视觉变化。本章则具体对作为观念和技术载体的媒介进行阐释，同时为分身在不同的应用场景会呈现哪些具体形式，及其行为主体进行了铺垫。本章首先从"在元宇宙中，分身本身就是媒介"这样一个基本观点出发，具体阐释了作为其核心内容本质的"比特"的特性。其次，由此核心进行拓展，探讨了作为其容身"器皿"的时间、空间在元宇宙的特殊表现。再次，从"图像"这个角度来审视元宇宙媒介。最后，再次回到人类自身，探讨分身与肉身之间的关系，并将开启这一疑问大门的钥匙留给了读者。

第一节
分身即媒介

  元宇宙是近年的热词之一,微软、Epic Games、Meta 等头部企业纷纷入圈。但对于元宇宙究竟是什么,似乎目前还是众说纷纭、没有定论。至于如何进入元宇宙,这些入圈的头部企业更是未能给出明晰说法——或许是不愿,但更有可能是不能。目前来看,身处 21 世纪的我们,基本上还是采用了《雪崩》中的主人公阿弘进入元宇宙(当时译作超元域)的方式。阿弘表面的职业是比萨外卖员,但实际上他是一名电脑黑客高手。通过可穿戴设备,阿弘的数字分身能够轻松进入与现实物理世界平行的另一个世界。

  数字分身需要在元宇宙中能够随时随地、低摩擦地开展各种活动,显然目前这种沉重的可穿戴设备并不能适应这种高要求。可以预测,未来分身进入元宇宙的可穿戴设备将会朝着越来越轻便的方向发展,与体验者物理身体(肉身)的亲密感、配合度更高，甚至可以被植入肉身，从而实现实时进入。2020年，美国科技公司 Mojo Vision 发布了一款名为"Mojo Lens"的智能隐形眼镜，其显示屏尺寸只有 0.48 毫米，但像素密度是目前智能手机显示屏的 300 倍（14 000 PPI）。运用视网膜投影技术实现隐形计算，能够在隐形眼镜上获得一个能及时显示信息的计算平台。该产品基于增强现实技术制作而成，包含可以优化运动图像的运动传感器、无线发射装置和眼球追踪装置等。目前，可穿戴设备被植入身体及大脑的构想仍处于实验阶段，主要是一些先锋艺术家以行为艺术的方式进行探讨。

这些艺术家无一不在探讨媒介作为人体延伸以及人的边界拓展的问题。在数字时代，传播的中心不再是信息，而是以人为中心点。媒介的边界也得以突破——不只是工具、技术是媒介，人本身就是一种媒介，物理身体是，数字分身也是。

一、只缘身在比特中

元宇宙本身就是一个多种技术、各类媒介综合发展达到"奇点"①的产物，它涉及互联网、物联网、人工智能、大数据、云计算、区块链等技术，以及 XR（包括 AR、VR、MR）、3D 摄像头、

---

① 奇点的意思是一个转折点或者跨越点，一个小事件会产生大影响。它被应用在不同领域中时会有不同含义。在数学中，奇点是一个未定义的点；在宇宙学中，奇点就是黑洞的中心点或者宇宙大爆炸的起点；在人工智能领域，奇点指的是人工智能的智慧超越人类智慧的时刻。

全息捕捉器、游戏引擎、脑机接口、光敏元件、生物电脑、物理API、虹膜接口等设备。无论是技术还是设备，它们都可以被统一于"媒介"这一名词之下。或者也可以说，元宇宙是各种媒介杂交的结果，终将迸发出巨大的能量。

20世纪，原创媒介理论家马歇尔·麦克卢汉有一个著名观点，"任何媒介的'内容'都是另一种媒介。文字的内容是言语，正如文字是印刷的内容，印刷又是电报的内容一样。"[1]同理，支撑元宇宙的这些媒介，其核心内容本质都是"比特"。那么，比特究竟是什么？"比特没有颜色、尺寸或重量，能以光速传播。它就好比人体内的DNA一样，是信息的最小单位。"[2]在数字时代，"眼见为实"已不成立，就好比比特这一核心媒介虽不可见、不可触，却实实在在地存在于我们的生活里，并且以更广泛、更深入的姿态改变着人类的生活状态甚至人类自身，比如当下随处可见的"刷脸"功能、大数据的监控功能，都是比特和算法隐于其后的结果。

如同水与空气的比特

如果说水和空气是构成物理世界必不可少的基础元素，那么对于元宇宙而言，比特就如同水和空气一样，无处不在，充斥其间。游弋其间的数字分身本身由大量多彩的粒子和光电构成，其

---

[1] 马歇尔·麦克卢汉.理解媒介——论人的延伸[M].何道宽，译.北京：商务印书馆，2000.
[2] 尼葛洛庞帝.数字化生存[M].胡泳，等，译.海口：海南出版社，1997.

基础媒介也是比特。本质上的同一性决定了分身可以无缝衔接、顺畅地进入元宇宙，可以开展相遇、对话、表演、旅行、购物、开会、研讨、上课、角色扮演等各种活动。早在 1995 年，加州大学伯克利分校机器人学教授肯·戈德堡（Ken Goldberg）的遥在技术作品"远程花园"就进行了相关尝试。体验者先要在互联网上注册，随后通过多次访问站点，操纵工业机器人的一条手臂灌溉种子，观察其生长过程。任何人都可以成为花园的游客浏览花园，而那些已经注册的会员（远程园丁）更是可以在网络上分享信息，交流浇水、施肥、除虫的经验。从某种意义上来说，机器人手臂不过是一个台前"傀儡"，真正进行幕后操纵的其实是这些体验者的数字分身，他们同时也是网络上的那些"远程园丁"。

二、人人都是了不起的小蚂蚁

在元宇宙里"仰俯自得，游心太玄"的数字分身所拥有的自由自在的状态很像是过上了一种游牧生活——数字游牧。从某种意义上来讲，人类生活经历了远古时代的游牧生活、机械时代的非游牧生活，在进入数字化时代后，再次进入一种游牧生活。这种新的游牧生活与此前工业生产为主的非游牧生活的区别，很像是输电网络系统和铁路网络系统的区别——前者是非集中式的、去中心化的，而后者则是集中式的、中心化的。而去中心化正是元宇宙的基础技术——区块链最为突出的特点。每一个节点都自成中心，彼此之间又以一种松散的关系联动，形成一个无边无际的网络。

1. 元宇宙并非"美丽新世界"

正是因为元宇宙具有去中心化的特点,所以即便网络中的个别节点遭遇黑客入侵、发生数据泄漏等突发事件,也不会造成致命伤害——整个元宇宙仍可保持其原有性质。在元宇宙中,每一个节点的用户不只是第二代互联网(元宇宙被誉为第三代互联网)中那些被动的用户,他们更多时候会以主人翁的角色出现,可参与决策投票等元宇宙相关事务。正如扎克伯格在描述关于互联网前景的一封信中曾这样描绘:"让世界上每个人都相互联系,让每个人都能够发表自己的意见,为改造世界做出贡献是一个巨大的需求和机遇。"

希罗尼穆斯·博斯作品《人间乐园》

创作于1490—1515年,主画面规格为220cm×195cm,左右翼规格为220cm×97cm,马德里普拉多博物馆藏

在很多人的畅想中，元宇宙是数字化身的乐园。"虚拟化身在广阔的虚拟土地和海洋间行走跳跃，他们也可以通过游泳或飞翔来移动位置"①，但荷兰画家希罗尼穆斯·博斯（Hieronymus Bosch）的三联画《人间乐园》似乎会给我们以提示和警告。《人间乐园》通常被艺术史家、艺术批评家阐释为对人类罪恶的愉悦的警告，但更多人对这件充满魔幻、荒诞色彩的作品的解读并未囿于此，谁又能说元宇宙中不会出现这样的场景呢？毕竟，和物理世界中一样，有光的地方就有影，善良与邪恶通常也只是一线之隔。无论是物理世界的映射还是重构世界，可以肯定的是，元宇宙并不只是一个纯洁无瑕的"美丽新世界"。

2. 分身联动引发轰动效应

人生在世，渺如蚁，忙如蚁，而在元宇宙中，小蚂蚁也会散发出巨大的能量。就个体而言，我们都曾见过小小的蚂蚁可以高举相当于几倍自身重量的食物行走，不遗余力地进行奉献。元宇宙的核心内容是创意产品，这决定了消费者同时也是生产者，即"产销者"（prosumer）。正是由于每个数字分身在元宇宙里进行开采、生产、建设、消费、娱乐、教育等活动，元宇宙的系统才得以成型并不断完善。就团体而言，我们也都曾惊叹于蚂蚁搬家的井然有序，对于其背后原因，迄今在科学上也没有合理的解释。

《连线》杂志创始主编凯文·凯利（Kevin Kelly）在其《失控》

---

① 崔亨旭.元宇宙指南［M］.宋筱茜,等,译.长沙：湖南文艺出版社,2022.

一书中，曾援引蚂蚁研究者托马斯·奥谢-惠勒（Thomas O'Shea-Wheller）的研究成果，后者从突破蚂蚁个体特征的群体中观察到"涌现的特征"："随着成员数目的增加，两个或更多成员之间可能的相互作用呈指数级增长。当连接度足够高且成员数目足够大时，就产生了群体行为的动态特征——量变引起质变。"[1]元宇宙中的每个数字分身，不仅可以突破时间、空间以及日常身份等诸多限制，按照自己的意志、兴趣去开展活动，不断突破自我边界，甚至可以通过分身之间的联动，产生不仅是"1+1＞2"的效应，并且更可能是其他性质的轰动效应。

---

[1] 凯文·凯利. 失控：全人类的最终命运和结局[M]. 东西文库, 译. 北京：新星出版社，2010.

第二节
分身的时空之旅

《世界是平的》一书的作者托马斯·弗里德曼(Thomas L. Friedman)曾为了到达印度,从美国出发,经由德国法兰克福一直向东飞行。汉莎航空公司的公务舱中,从座位扶手椅弹出来的屏幕上显示的GPS定位地图可以让他清楚地知道飞机前进的方向。在最终到达印度后,他发现这里的很多人都更像美国人,不仅口音像,就连软件实验室都在使用美国技术。于是,回到美国后,他悄悄地趴在太太耳边说:"亲爱的,我发现这个世界是平的。"在南朝,画家宗炳因"老、疾俱至"不能再游历名山大川,但他把这些景物都画在了墙上,实现了"澄怀观道,卧以游之"。可以说,他为自己营造了一个时空压缩的元宇宙。在信息时代,时间和空间更可以通过各种媒介被浓缩到一个平面上。

以比特为核心媒介的数字世界,更是通过信息压缩来极致消解时间和空间这两个维度。由此,在元宇宙这一虚拟空间,数字分身可以摆脱时空的限制自由驰骋。在小说《西游记》中,当师徒落难、取经受阻时,神通广大的孙悟空每每留下真身和一句"老孙我去去就回",其化身便翻上几个筋斗,去寻救兵。当孙悟空在仙界逗留时,好心的神仙总会提醒他:"天上一日,地下一年。"孙悟空听后不由得心头一紧,匆忙返回。同样,行走在元宇宙中,不仅主体的时间感会发生扭曲,而且一个主体可以不止拥有一个数字分身,多个数字分身可以在同一时间游走于数个不同空间中各行其是,真正做到分身有术。

一、时间是一场幻觉吗

时间是什么?这似乎是个最简单也最难以回答的问题。说它简单,是因为我们一直都身在其中;说它难,是因为谁也没见过时间长什么样。也许,你会不假思索地让发问者去看墙上的时钟。但是,你可曾想过这样一个问题:时钟不过是时间的载体,而并非时间本身。古罗马基督教思想家奥古斯丁(Aurelius Augustinus)就曾对时间本质进行深沉而痛苦的思考:"时间究竟是什么?谁能轻易、概括地说明它?谁对此有明确的概念,能用言语表达出来?可是在谈话之中,有什么比时间更常见、更熟悉呢?我们谈到时间,当然了解,听别人谈到时间,我们也领会。那么时间究竟是什么?没有人问我,我倒清楚,有人问我,我想说明，便茫然不解了。"①

1. 两种时间观

人类的时间观大致可以分为循环时间观和线性时间观两种，前者以希腊人为代表，他们认为时间并不是奔向永恒真理的道路，斯多葛学派相信"大周期"——每当行星行至同一相对位置，历史就会重新开始。犹太-基督教的时间本质上是线性时间——未来是开放的、可期待的。特别是到了工业革命时期，线性时间观更为盛行。根据经济法则，时间变成了一种稀缺资源，与金钱画等号。线性时间观也是我们日常生活中最为流行的一种时间观，在其观照下，才会衍生出过去、现在、未来以及"时光荏苒，白驹过隙"等说法。

但是以霍金（Stephen William Hawking）、爱因斯坦（Albert Einstein）为代表的物理学家的时间观，并不在以上时间观范围内，他们认为时间只是人类的幻觉。从爱因斯坦为好友贝索（Michele Besso）撰写的悼文可见一斑："现在，他又一次比我先行一步，他离开了这个离奇的世界。这没有什么意义。对于我们有信仰的物理学家来说，过去、现在和未来之间的区别只不过有一种幻觉的意义而已，尽管这幻觉很顽强。"② 数字分身在元宇宙中所经历的时间，并不太好说它是否为幻觉，因为这个问题的起

---

① 奥古斯丁.忏悔录［M］.周士良，译.北京：商务印书馆，1963.
② 阿尔伯特·爱因斯坦.爱因斯坦文集（第三卷）［M］.许良英，等，编译.北京：商务印书馆，1979.

点在于如何看待数字分身——如果将虚拟等同于虚假，那么分身、元宇宙都是假的，更不要说其中的时间；但如果分身也被看作物理身体之外的又一个客观存在的身体，那么他在元宇宙中所经历的时间自然也是真切的。

2. 时间感被扭曲

无论元宇宙的时间是不是幻觉，有一点可以肯定的是，它和现实里的时间并不相同，或者也可以说，物理身体（肉身）的时间观在元宇宙中被扭曲或改变了。这主要是由元宇宙的"沉浸"特性所决定的。元宇宙既是一个平行于物理世界的虚拟世界，也是一个巨大的沉浸式体验空间。沉浸对于元宇宙而言，如同空气和水之于物理世界，无孔不入、无处不在，而并不仅关于其硬件和技术。

沉浸的发生是有条件的，其中，"时间感会改变"是八大要素之一，这一点在美国积极心理学家契克森米哈赖（Mihaly Csikszentmihalyi）的《心流：最优体验心理学》一书中有具体阐释[1]。借助各种媒介搭建的元宇宙，其逼近真实的虚拟景象往往会让人有身临其境之感，从而实现肉身沉浸、分身畅游。当分身结束任务，与肉身"换岗"时，主体往往会惊觉时间飞逝，这种主观时间短于客观时间的情况，其实就是一种时间感的扭曲或改变。

---

[1] 契克森米哈赖认为心流活动的实现条件包括八个要素：（1）任务难度适宜、有望完成；（2）目标明确；（3）反馈及时；（4）全神贯注；（5）自愿投入；（6）自控感；（7）忘我状态；（8）时间感变化。

分身穿越古今是主体时间感在元宇宙中被改变的典型表现。在元宇宙中，时间被极致压缩、消解，分身可以自由、顺畅地纵横驰骋于时光长廊中。2018 年，故宫博物院与凤凰卫视联合推出的《清明上河图 3.0》高科技互动艺术展演就呈现了分身在类元宇宙平台中的自在状态。通过虚拟现实、增强现实、全息投影等多种技术与艺术的应用，《清明上河图 3.0》让体验者"走入画卷"，化身"汴梁百姓"，与画中人进行互动。特别是 270°全息球幕影院播放的影片中，数字分身采用的是乘船者的视角，可泛舟于汴河之中，目睹两岸嬉戏的孩童、行色匆匆的路人，还可以与河上迎面而来的船只上的乘客挥手打招呼。当船只穿过虹桥后，已是一片暮色，飞鸟盘旋，远处萤虫闪烁，无数孔明灯升腾，由远及近飘向化身所在的船只，体验者会不由自主地深陷于似真似幻的浪漫意境中。

二、时空的无尽纠缠

不仅是时间，元宇宙的空间同样复杂。英国社交网站 Bebo 的首席执行官沙恩·普里（Shaan Puri）认为："元宇宙不是一个空间，它是一个时间。"这个时间点就是奇点——人工智能变得比人类更聪明的时刻。他由此认为元宇宙是"一个我们的数字生活变得比我们的物理生活更有价值的时刻。"沙恩·普里的"奇点论"主要是从文明进化的角度，劝诫世人接受元宇宙的出现，具有一定的积极意义。20 世纪 90 年代出现的 M 理论（各种超弦理论的综合）则提出，宇宙是有 11 维的，除却可为人类感知的四维（长、宽、高、时间），还有 7 个维度虽无法感知却客观存在——这就好比虽然我们看不到红外线，也听不到超声波，但它们确实存在。这 11 个维度由振动的平面组成。如果物理世界都如此复杂，那么作为其映射空间或重建空间的元宇宙，其维度显然更为复杂。

在此，我们无意纠缠于元宇宙中的空间数目究竟是几维，而是从日常意义上来进行探讨。在物理世界中，时间这一要素很容易被忽略。因为时间无形，人类能看到的通常是在时间这张大手操纵之下的现象，也就是说时间通常以空间形式呈现。但实际上时间和空间难以分割，正如物理学家阿尔伯特·爱因斯坦所说："空间（位置）和时间应用时总是一道出现的。世界上发生的每一件事都是由空间坐标 X、Y、Z 和时间坐标来确定的。"①

在元宇宙中，时间和空间的关系将更加错综复杂——不仅发生扭曲，而且相互穿插。时空的无尽纠缠主要取决于用户的连接方式。在物理世界中，从日常意义的时间观出发，我们的人生是线性的。但元宇宙中的时间尺度却更为多元和复杂——非线性、可平行。同一个用户可以设置若干数字分身，像孙悟空拔下一撮儿毫毛，吹口气，毫毛就会变成他的分身，各行其是。不同的数字分身可以在同一时间内展开多项活动，完成不同任务。从这个角度来看，元宇宙的确是进一步拓展了人类的能力边界。

---

① 阿尔伯特·爱因斯坦. 爱因斯坦文集（第一卷）[M]. 许良英，等，编译. 北京：商务印书馆，1977.

第三节
分身的景观世界

以"身临其境"为旨归的元宇宙,决定了它的呈现方式不能由文字这种容易产生解读分歧的媒介担当,而只能选择直观的图像(包括图片、影像)。在元宇宙,形式本身就是内容,它是一个由图像构成的景观世界[①]。图像的最小构成单位是像素,难以计数的像素组成图片,很像古罗马时代的马赛克镶嵌艺术,所以有人也将数字时代称为"马赛克图像时代"。

图片与文字的接收方式和传播方式有极大不同。阅读者阅读文字时,大脑中与语言、记忆和视觉处理相关的区域要比前额叶中与决策、解决问题相关的区域更加活跃,阅读者往往需要经过

---

① "景观世界"是法国哲学家居伊·德波(Guy Debord)在其《景观社会》一书中最著名的论断:"在现代生产条件占统治地位的各个社会中,整个社会生活显示为一种巨大的景观的积累。直接经历过的一切都已经离我们而去,进入了一种表现。"

不断积累（如认字）、积极思考，才能形成认知。图片信息的捕捉则正好相反，主要仰仗于大脑中决策、解决问题的相关区域。

在元宇宙等网络世界里，用户想要进行深度阅读非常困难，因为在浏览网页时大脑需要对各种链接不断进行评估——决定是否要点击跳跃。不断变化的图像也令视觉和大脑应接不暇……这些都会不断地把大脑从理解文本需要的专注中拉拽出去。图像阅读可以说是一种共同语言，对接收者的准入门槛较低，接收者不需要刻意学习、长期积累。曾经，由于人类语言的不通，"巴别塔"①的建造半途而废，但谁又说元宇宙不可能成为一座人类数字时代的"巴别塔"？

一、像素"超本质"

像素可被视为整个图像中不可分割的元素或单位，所谓"不可分割"是指它不能够再被分割成更小的单位或元素，它是以一个单一颜色的小格存在。每一个点阵图像包含一定的像素，这些像素决定了图像在屏幕上呈现的大小。图片单位面积里的像素数量，即图片像素密度越高，图片分辨率越高；反之，图片分辨率越低。分辨率或清晰度是麦克卢汉区分冷热媒介的主要标志。在

---

① 巴别塔（Babel Tower），也叫作巴贝尔通天塔。《圣经》中说亚当及其子孙最初只说一种语言，诺亚的后裔决定修一座通天塔，因语言统一，交际顺当，故起初进展顺利。上帝的万能权威受到挑战，怕无法控制世人，于是让他们说各种不同的语言。由于语言不通而无法协调工作，通天塔的建造以失败告终。

他看来，热媒介具有高清晰度，不会留下太多空白供接收者去填补或完成；冷媒介则相反。可能是由于时代局限性，今天我们再看他据此对媒介进行分类，会觉得不那么准确甚至混乱。比如，照片是热媒介，而卡通画是冷媒介；电视剧是冷媒介，电影是热媒介。要知道，在今天，高清晰度的电视剧、卡通画早不是什么新鲜事了。

过度刺激反而难以沉浸

但麦克卢汉对冷热媒介中接收者参与程度的阐释，还是可以为创造元宇宙及元宇宙艺术提供有益的启示。高像素、高清晰度是主体能够在元宇宙中实现沉浸、得以"身临其境"的前提条件之一。为了获得主体的专注力，创作者往往会"无所不用其极"地调动主体的各个感官和大脑，让它们都指向图像营建的景观世界。但是正如老子说的"五色令人目盲，五音令人耳聋"，感官、大脑长时间受到高清晰度图像的冲击，往往会产生疲劳。这就给相关从业者提出了要求——在艺术创作中如何适当留白，如何不让像素满斥画面，如何实现松弛有度……这是需要思考、探索的。

反其道而行之或许也不失为一个好策略，在高像素、高清晰度的作品唾手可得的今天，不妨以回望的态度再创作。2021 年 5 月，纽约佳士得拍卖会上，9 个纯数字化的加密朋克 NFT 最终以 1 696 万美元的总价成交。可能很多人会疑惑，一组只有 24×24 像素、看上去颇为"原始"的头像凭什么这么贵？

其实，图像价值并不是它的核心价值，其真正的价值在于，这些像素头像不仅是单纯的数字身份，其哈希值被存储在以太坊区块链上，随着相应 NFT 的发行，因而具有了数字资产的属性。作为激发了当代加密艺术风潮的"数字古董"，限量 1 万个，每个头像都有其独特属性，导致其具有很高的稀缺价值。

这一事件提示我们，在看待 NFT 艺术作品时，需要转换一种方式——它是"图像化的代码"，而非一张以视觉为导向的 JPG。我们需要以算法的逻辑去理解它的最终形式，而非以视知觉的感受去辨别画面上的内容。在某种程度上可以说，NFT 艺术的大热，是程序员塑造的一种新美学范式，是他们在文化领域的胜利。

二、帧数"加速度"

在元宇宙的搭建及元宇宙艺术的创作中，如果说静态图片的品质主要与像素相关，那么动态影像的品质则不仅与像素有关，还与帧数有关。简单来说，一帧就是在 1 秒钟里可以传输的图片数量，帧数越多，画面越清晰。让静态的画面"复生"并且开始运动，仿佛具有一种魔力，引得历代艺术家不断去探索。其中，最典型的代表莫过于未来主义，这个流派对运动感、机械性充满迷恋，歌颂速度与激情。比如意大利雕塑家波丘尼（Umberto Boccioni）1913 年创作的雕塑《在空间里连续性的独特形式》，表现的是一个形态抽象的人物正在昂首阔步地行进。这件静态的雕塑可以被看作是一个人在多个时间内运动形象的综合体，那些体块仿佛在逆风中飘扬、奔跑、跳跃，给人留下了强烈的轮廓变化感。

1. 未来主义的"速度与激情"

如果说《在空间里连续性的独特形式》的"帧数感"还比较抽象，那么同为未来主义艺术家的贾科莫·巴拉（Giacomo Balla）笔下的"动力狗"就难免让我们惊叹——这简直就是动画本

波丘尼作品《在空间里连续性的独特形式》创作于1913年，规格为110.5cm（高），纽约现代艺术博物馆藏

画！这幅创作于1912年的《拴着皮带的小狗的动态》题材非常简单，描绘的是时髦的裙装妇女牵着她的宠物小猎狗在街头行进的情景。巴拉把狗的腿变成了一连串腿的组合，几乎形成半圆，让人不由自主地想起运动中的车轮。妇女的脚、裙摆及牵狗的链子也同样成为一连串组合，留下了它们在空间行进时的连续性轨迹。众多不同时间的瞬间形象被同时凝结在同一个画面上，像慢放电影，又像同一张底片的连续性拍摄。

贾科莫·巴拉作品《拴着皮带的小狗的动态》

创作于 1912 年，规格为 90.8cm×110.2cm，纽约水牛城公共美术馆藏

2. 沉浸体验带来自控感

像素越高、帧数越多，影像中塑造的人物就越逼真、动作越流畅自然，也就越具有代入感，容易让观者、用户有身临其境之感。目前，电影的标准规格是 24 帧/秒，即 1 秒钟可传输 24 个画面。2019 年 10 月，在国内上映的李安导演的 3D 电影《双子杀手》虽然剧情老套、票房不佳，但其技术应用（该片最大的卖点是 3D、4K、120 帧）对于逼真性、沉浸感等方面的突破，在电影史上具有里程碑意义。2019 年 10 月，笔者在北京博纳影城北京

方庄店 CINITY 厅[①] 观看了《双子杀手》，画面非常清晰、逼真，连演员皮肤上的毛孔、汗毛都清晰可见，让人感觉演员就在自己身边而不是在屏幕上，有着强烈的身临其境之感。

当数字分身进入元宇宙，无论分身的具体形象是人类、动物，还是精灵、鬼怪，只要他的行为在高帧数的支持下自然、顺畅、丝滑，与肉身指示之间的延时越短，就越容易实现"二身合一"，给体验者带来一种自控感。在物理世界里，人生之事十之八九并不如意才是常态，想要完全掌控自己的命运，也经常是痴人说梦。但在元宇宙里，按照自己的心意去活动、生活，却并非难事。自控感所带来的满足感，正是产生心流、实现沉浸的八大要素之一。

---

① 4K+3D+120fps 高帧率（HFR）、高动态范围（HDR）、广色域（WCG）、沉浸式声音（Immersive Sound）的全新放映系统被称为为"CINITY"。

第四节
我是谁

元宇宙是一个巨大的沉浸式体验空间，要想使主体实现沉浸，元宇宙艺术作品需要在物理世界中极致拉近与肉身的距离，甚至对身心形成深度包裹，这样才能激发化身顺利进入元宇宙，替代肉身在场，开展各类活动。

目前处于元宇宙初创期的我们，还在解决可穿戴设备延时、笨重等问题，但有理由相信，在未来，进入元宇宙所用的工具一定会朝着越来越轻便甚至使人"浑然不觉"的方向发展。发展到极致，它有可能会成为身体的一部分，作为人的身体的延伸而存在。往往对未来发展趋势有着敏锐触觉的艺术家，他们通常都会以天马行空的想象和富有实验性甚至争议性的作品进行表现和探索。纽约大学教授瓦法·比拉勒（Waffa Bilal）就是这样一位艺术家。通过外科手术，他在自己的颅腔后部植入一个如同拇指指甲盖大小的照相机。比拉勒受马塔夫：阿拉伯现代艺术博物馆委托创作了《第三我》，观众能够看到比拉勒的"后视影像"传送到监控设备上的"快照"，这些相片都是比拉勒颅腔中的照相机以每分钟自动拍摄一张的速度获得的，整个行为艺术历时1年。

与比拉勒相比，澳洲艺术家斯蒂拉克（Stelarc）可谓有过之而无不及。他认为不久的未来"人将不再仅仅因为生物属性而被定义"。他的作品一直致力于展示现代科技对人的直接作用和改造——将人体和科技相结合，拓展人类体验和能力的局限。比如，早期他在伦敦双年展上展示的作品《扫描机器人/非自愿的手臂》是机械仿生"第三只手"。观众通过互联网，可以远距离控制其肌肉运动。他最著名也最富有争议的作品是《手臂上的耳朵》。2006年9月，斯蒂拉克进行了第一次耳朵移植手术，目标是让软骨组织在他的手臂里存活。在第二次手术中，斯蒂拉克本人的干细胞被植入耳垂部分。此外，他还在耳朵里植入了微型麦克风，但不幸的是，由于感染，三个月后麦克风不得不被取出。但斯蒂拉克并没有畏惧，他的下一个目标是植入能连接Wi-Fi且支持GPS定位的蓝牙麦克风。一旦成功，该功能将永久打开，让世界各地的网络用户都能同时获得实时的听觉体验。

未来，一旦这些电子设备可以成为人的身体的一部分，人类就可以实现肉身、分身切换自如，合二为一。肉身会朽，但当意识可以完全替代物质，化身可以替代肉身而存在，那么此时一个难题就会出现：肉身和化身，到底哪一个才是真正的我？二者是可以共存，还是"王不见王"，一方必须要灭掉另一方？这无疑令

"我是谁,从哪里来,又将去向何处?"这个难以回答的终极问题更加复杂化。2011年11月,由笔者担任策展人的艺术项目"时间的剧场——我是你的影子也是你"探讨的就是数字分身和肉身之间的关系。艺术家沈凌昊用特殊感光材料制作成不同造型的墙壁,这些墙壁具有高交互性的"留光显影"特性。当空间中的紫外线亮起并激活墙壁中的感光涂层,在作品前驻足的体验者及其动作、姿态,就会被短暂记录在作品中,体验者将可以在这段间隙内与自己的影子合影、互动。

《时间的剧场——我是你的影子也是你》场域特定装置

创作于2022年,该装置材料为光敏树脂材料、紫外光、亚克力、镜面、声音、数控装置

一、"我"的改变与扩展

在元宇宙中,"我"这一概念得以改变、扩展,个人将获得成长。首先是对于个体的改变。在作品中,体验者的肉身会受到高新科技的极大影响,被电子化、媒体化,开始弥散、扩展。刺激物引发肉身的变化,相关信号通过感觉神经反馈给大脑,大脑获得相应感知,发生变化。当人们用身体来表达自己时,就会产生不同的想法。其次是促进人际交流与分享。元宇宙是开放的、自由的、无边界的,任何体验者的第二重意识弥散其间,彼此间的思想、意识可以借助分身进行交流、分享、碰撞,甚至共同建构作品,最终带来自我复杂性的提升和自我成长。

1. 数字分身独特的行为方式

数字分身在元宇宙中的行为方式与肉身在物理世界中的方式有很大不同,主要有两个特点。

首先是第一人称视角,或者也可将其称作第一人称沉浸式视角。第一人称视角之所以是沉浸式的,主要是由元宇宙的"沉浸式体验空间"属性决定的,这种主人公视角具有强烈的代入感和交互性。例如,大唐灵境是由西安数字光年软件开发公司(太一集团与曲江文投合资设立)与大唐不夜城联合开发的一个以大唐历史文化为背景的沉浸式体验平台。整个灵境世界是围绕古长安城的皇宫、东西市、一百零八坊进行的三维建造。数字分身可以以第一视角四处漫游——跃于花萼相辉楼之上,从波光粼粼的湖面掠过,在自己的地块网格内搭建客栈、酒肆、饭庄、杂货、药行等建筑;通过部件、材料的自由组合,搭建自己独有的家园,在家中举办派对、会议、NFT藏品展览等活动。此外,还可以在大唐灵境中发布自定义任务,通过线上、线下联动,实现虚拟与现实全面融合,完成任务后还能获得丰厚的奖励和回报。

其次是散点透视。由于元宇宙克服了物理世界中的重力、肉身的有限视角(最大范围仅180°多一点)等限制,数字分身可以通过平视、仰视、俯视等多种视角展开活动。这无疑是一种全面的观察世界的方法,与中国山水画中所运用的"三远法"有异曲同工之妙。宋代画家、绘画理论家郭熙在《林泉高致》中指出:"山有三远:自山下而仰山巅谓之高远;自山前而窥山后谓之深远;自近山而望远山谓之平远。"三远法是中国人的一种特殊时空

大唐灵境场景

资料来源:https://tang-meta.com

观,分别从仰视、俯视、平视等不同视角出发来描绘对象,而西方绘画通常通过一个视点来对景物进行观察和描绘(这样做必定导致一些角度和局部的内容因被遮蔽而无法表现)。

2. 元宇宙与中国画的天然契合

中国画与元宇宙似乎有着天然的契合,前者在未来一定会为元宇宙艺术创作提供很多灵感和营养。白尾是一位在中国生活的波兰艺术家,毕业于华沙大学中文系和中国美术学院国画系,他将加密文化元素加入中国画的创作当中。《由比特山引发的对话》是具有白尾鲜明作画风格的作品,画面中的题跋是用他发明的个人加密文

白尾作品《由比特山引发的对话》(唯一版)

该作品创作于 2021 年,电子书画结合人工智能算法,规格为 10 400px × 6 400px
资料来源:艺术家供图

字组成，印章则由人工智能生成。在他看来，区块链上的加密艺术与中国古代的文人画有很多相似之处，文人画中的题跋、印章都是收藏家留下的永久记录，这一点给了他诸多启示——通过在元宇宙艺术创作中与古代的收藏家合作，他可以在作品本身上留下印记，而不仅仅是让作品在区块链上留下交易记录。

二、从多感官体验到超感官体验

元宇宙艺术的艺术鉴赏与以往艺术作品的欣赏存在很大的不同，主要体现在以下两个方面。

1. 极致消减审美距离

首先，元宇宙艺术动摇了以往西方美学中审美距离作为艺术创作和审美活动的前提和基础这一美学原理。审美距离源于瑞士心理学家爱德华·布洛（Edward Bullough）的"心理距离"这一美学观点，因为它常被用于审美活动，故多被称作"审美距离"。布洛的"审美距离"观点实际源于康德的"审美非利害关系"学说，后者虽然承认那些受感官喜欢的东西虽然具有"魅力和感动"，但它们并非反思性的鉴赏，也并非无利害的审美，只能是"就自身而言被冒充为美"。

在元宇宙艺术的欣赏活动中，不仅数字化身直接出现在艺术作品的包裹中，极致消减了审美距离，而且很多元宇宙艺术作品本身都是受到感官喜欢的，令人感到愉悦的，比如上文提到的

"大唐灵境",用户在其中可以感受到烹制虚拟肉夹馍和数字葫芦鸡的快乐,也能体验到在长安城中种草养花的惬意。曾经被一些西方哲学家、美学家"嫌弃"的"适意""功利价值"与美感进行叠加、结合,在元宇宙艺术中得以统一;曾经被认为"被冒充为美"的东西在这里却与审美活动、美感密不可分。

其次,人的神经系统和感觉器官得到极大延伸。日常生活中,人们通常以亚里士多德的"五感"(触觉、嗅觉、味觉、听觉和视觉)为准绳,但最近神经学研究指出,平衡感、热感、痛感等也是极为重要的感觉。在元宇宙艺术的创作和欣赏中,目前主要仰仗的感官是视觉和听觉,毕竟80%以上的信息都是由视觉来处理的,但是实际上在感知外界刺激时,视觉反应的灵敏程度远远低于听觉。在五感中,嗅觉是一个值得额外关注的感官。它的工作系统非常特殊——是五感中唯一一个不经过丘脑神经元,而是直接进入大脑的初级嗅觉中枢。这个中枢叫作嗅球,位于眉间头骨的后方位置,与杏仁核、海马体直接相连,前者进化自大脑中专门负责监测化学物质的区块,后者主要用于存储长期记忆,这也就不难理解,为什么当闻到熟悉的味道时,人总会在脑海中想起与这个气味相关的情景。由于气味并不是人类首选的交流方式,因而它在人机交互和沉浸式环境方面尚未得到广泛应用,但这也意味着它的开发前景广阔。

2.各个感官协同工作

在元宇宙艺术创作中,利用各种媒介对体验者的各个感官进行全方位刺激，虽然体验者的各个感官会相应发挥作用，但在实际情况中它们并非各行其是，而往往是彼此照应，相互合作。在生物学中，这一情况被称为跨模态（Cross-modality，也译作多模态），即整合或融合两种及两种以上的感官技术，通常是沉浸式环境的特征之一，通俗来说，就是我们平常所说的"通感""联觉"。主体的多感官体验此时变成了超感官体验，因为其视觉被支持进入元宇宙的那些作为人体感官延伸和超越之物的媒介增强了。

此外，当人体的某种原始感觉被压制或损坏而变得微弱，但大脑仍需要以某种方式对外部信号进行解释，这时其他感觉就可以增强自身能力予以补充，这就可以解释为什么视觉残障人士的听觉能力往往要比健全人的灵敏很多。在意大利米兰圣玛利亚感恩教堂能够一睹达·芬奇《最后的晚餐》的风采是一种美好的视觉体验；但紧邻此处的一间大屋子里，该作品还被创作为一尊立体浅浮雕，在其表面上呈现了那些著名的场景。浮雕虽然是为盲人专门创作的，但对于能看到光明的人来说，闭上眼睛用手感觉浮雕的体验也令人印象深刻。

三、原子还是比特

生老病死，众生皆苦，若能如金蝉脱壳，摆脱肉身桎梏而得以永生，似乎是人类长久以来的希冀，因此也就不难理解为何《西游记》中，吃上一口唐僧肉而获得长生是绝大多数妖精们的共同理想了。元宇宙的出现，似乎给这一夙愿带来了一丝光亮。

2020年，亚马逊制作的情景喜剧《上载新生》描绘了元宇宙的部分生活场景。剧情背景是实现了数字化和智能化的2033年，男主人公内森遭遇严重车祸，行将死亡，弥留之际，在女友的劝说下放弃抢救，将自己的思维数据"上载"到了一个名为"湖景庄园"的数据世界，借此实现永生。用户在这里的生活体验与在物理世界如出一辙，比如化身可以拥有和物理世界一样的相貌，也会有饥饿、寒冷等感觉，更可以展开各种活动。但是时间一长，"湖景庄园"的诸多问题也慢慢暴露出来：用户的所有消费都需要由物理世界的人帮他续费；话语权被牢牢掌握在开发商和物业手里；用户数据遭遇泄漏和丢失，导致他们直接变成低像素的"马赛克人"……

可以看出，"湖景庄园"似乎还称不上是一个标准的元宇宙——没有数字货币，而且实行中心化管理。但是这部其实不怎么好笑的喜剧也在提示我们：元宇宙的建立，特别是在建立初期，一定是需要其价值外溢到物理世界的，两者的相辅相成恐怕才是最大意义。否则，人人得以永生，肆意"躺平"，这样的元宇宙又有何存在意义？

元宇宙也拒绝"躺平"

一位艺术家曾经与笔者谈起他和国内某数字文化产业负责人的一次对话。宴席间，该负责人畅谈目前企业已进军元宇宙，开始在元宇宙里售卖土地和房产。这位艺术家对笔者说："虽然是用数字货币买地、买房，恐怕还是需要用现实里的钱去兑换，也就是说现实里的"屌丝"在元宇宙里还是"屌丝"。"这个观点代表了现实中很多人的担忧——元宇宙虽然号称去中心化，但是到底怎么实施？去中心化能达到什么程度？如果每个用户都随心所欲、各行其是，肯定是一团乱。此外，如果每个人得以永生，那么元宇宙是否没有边界、足够承载？更不必说，永生很可能会引发一系列伦理问题，当然，前提是元宇宙存在伦理。

而艺术家白尾与笔者的谈话则充满了惊喜和希冀。当笔者问及目前与他合作的区块链平台是否遵守了持续支付版税的约定（物理世界里，艺术家作品的买断往往是一次性的；但在元宇宙 NFT 平台上，艺术作品每转手一次，艺术家都将获得一次版税收入，只不过各家公司的规定有一定差别），他的回答是："艺术家享受永久版税，这在之前是不可思议的！"

从两位艺术家的观点中可以看到，元宇宙的建立需要解决和克服诸多问题和障碍，但同时也体现出一些益处。可以肯定的是，即便是进入元宇宙，也并不意味着"按需分配"，因为元宇宙的核心生产、消费内容是创意产品，懒惰、躺平在物理世界里没有出路，在元宇宙同样是死路一条。就像电影《黑客帝国》里的情景，无论你选择红色药丸还是蓝色药丸，无论选择活在原子世界中还是比特世界中，终究没有完美，需要取舍。

小说《三体》的作者刘慈欣认为，人类面前有两条路：一条向外，通向星辰大海；一条向内，通向虚拟现实。换句话说，这两条路就是：人类向外的扩展——深空探索，向内的拓展——向元宇宙进发，代表着物理和意识的终极目标。表面看来，这两个目标分道扬镳、相互矛盾,但这两条求索之路其实都是对人类永恒的主题(我们是谁,从哪里来,到哪里去)在数字时代的叩问方式。或许有一天,在宇宙发展的更高阶段,在某一个奇点,无问内外,无问原子、比特,无问分身、肉身,二者终将殊途同归。

遥望宇宙,星系林立,其实何尝不是人类元宇宙的未来状态——每一个人努力构建自己的元宇宙,自成系统,彼此交相辉映,终将组成一个大的元宇宙系统。或许,每颗星的大小不同、明暗有别,但无疑都有属于自己的光彩,正是这点点星光,才最终成就一幅"人类群星闪耀时"的美好图景。

元宇宙的出现,为"活着的意义"这一永恒难题增加了复杂性。或许,诚如霍金、爱因斯坦所说,时间不过是一场幻觉;或许,人生也不过是一场幻觉;或许,元宇宙也终将是一场幻觉。即便这种种都是幻觉,但如果梁山伯与祝英台不化身翩跹彩蝶,又如何得以长相厮守;如果杜丽娘不曾还魂而生,在梦中寻找爱人,又如何等来爱人柳梦梅;如果电影《你好,李焕英》中的贾晓玲不穿越回1981年,怎么能够与年轻时的母亲李焕英相遇,以闺蜜的身份分享她的喜怒哀乐。

或许,活着本身就是"活着的意义",毕竟,生命的出现本来就是一个意外——宇宙诞生于137亿年前,地球存在了45亿年,而人类的寿命普遍不到百年。几十亿年前古海洋里究竟发生了什么,无人知晓。总之,精密的三羧酸循环反应(需氧生物体内普遍存在的代谢途径)在一个迄今为止无法复刻的原始条件下就这么突然诞生了。生命的诞生,如同平静的湖面上激起千层浪,波纹荡漾，我们称之为"演化"。但是，谁也不知道，涟漪何时消失，湖水何时复归于平静。

或许，元宇宙的出现，不过也只是这无数涟漪中的一道波纹、生命中的一次驻足而已。

第四章

重塑分身：艺术分身的 N 种形式

平行宇宙：自古以来，分身的形式伴随着神话故事或者文学创作时常出现在我们生活中，从古埃及人的灵魂观到数字时代的数字分身，人们对于分身的探索和追求不曾间断过。大家可能最熟悉的莫过于《西游记》中对孙悟空的身外化身之法的描述："这猴王自从了道之后，身上有八万四千毛羽，根根能变，应物随心。"不论是大战天将、激战黄风怪，抑或是擒拿蜘蛛精，孙悟空的毫毛变出的分身每次都能帮他克敌制胜，孙悟空的分身术虽强，却有一个限制，他的实力是一个固定量，每次孙悟空分出分身，都是从他的本体分出一部分能力，分身越多，能分配到每个分身上面的法力就越小，每个分身的能力也就会越弱。在吴承恩笔下，分身虽强大，但也有它的局限。

而20世纪欧洲现代主义时期最伟大的葡萄牙作家之一费尔南多·佩索阿（Fernando Pessoa）可以说是现实版的分身爱好者了，他的"异名"（heteronym）或许比孙悟空的毫毛还更胜一筹。不同于笔名或假名，异名都是完整的、区别于其"本我"的人，有自己的生平履历、社会关系，有自己名下的作品，而且这些作品有着极强烈的、符合其性格和观念的风格。异名之间的风格互不相同，形成对话、继承、衬托、补充等多种关系，或者完全"没有"关系。这种关系有文本层面上的，也有"真实"生活中的交往，包括会面、互相写信、批评，等等。[①] 而"佩索阿"在葡萄牙语中是"人"的意思，也更是让作者和他的一百多个异名显得颇有意味。这一百多个"异名"之间其实构建了一个发声的机制，若是没有它们，佩索阿的声音也会变得不那么耀眼。佩索阿的分身其实就与 Web 2.0 时代的分身有几分异曲同工之妙。物理世界向数字世界的转换过程中，分身的数字化实现方式是复杂多样的，就如同孙悟空的毫毛、佩索阿的异名，元宇宙中的分身是人的意识注入并赋予其在元宇宙的生命性，而分身则通过技术自身具备的特质带有超越性，它给予现实中难以实现的事情可能性。数字分身在 Web 2.0 时代逐渐走入每个人的生活，作为用户或用户的角色图形表示，在早期的互联网论坛和其他在线社区中，数字分身可以是二维图标，也可以是头像、用户图片或以前的个人图标（picons），等等。而伴随着数字技术水平的不断提升，数字分身也逐渐以三维模型的形式表现出来，就像一些视频或者游戏中所使用的那样。

[①] 费尔南多·佩索阿. 想象一朵未来的玫瑰：佩索阿诗选［M］. 杨铁军，译. 北京：中信出版社，2019.

第一节
Web 3.0 与分身的形式

进入 Web 2.0 时期,元宇宙的社交系统就已经有了基础框架,而这其实就开启了元宇宙的"造人"过程,并基于社交媒体的发展逐渐渗透进生活,基于现实与虚拟的生活状态,用户开始创建早期的数字分身。数字分身不仅是作为一个头像的形式出现,也具有早期虚拟平台下用户对于自我身份的认知。早期的 QQ 头像虽然图像较为固定,但也延伸出了接近星座玄学的图像性格分析,用户通过图像、文字去建立早期的虚拟身份。这样的虚拟身份,或接近真实物理世界,或完全呈现出一种用户在数字空间中想要去展现的区别于真实物理世界的身份状态。这种对于数字分身的塑造形成了社交媒体下的人的再造,这些人不仅是为了迎合或是表现自身态度的"完美"分身,而且还根据自身态度形成了跨越空间的虚拟社群。

分身：元宇宙艺术的打开方式

由 QQ 头像透视对方性格

资料来源：由 QQ 头像透视对方性格［J］.快乐阅读，2007（8）.

美国奇点大学的老师亚伦·弗兰克（Aaron Frank）在谈及元宇宙是什么的时候提出了这样一个观点：VR 不是元界（尽管它是相关的），加密/Web 3.0 本身不是元界（尽管也相关），在 99.99%的情况下，只要正确使用该术语，就可以将"元宇宙"一词替换为"互联网"，而它们所想表达的意思是相同的。然而互联网与元宇宙有所不同，元宇宙既是互联网，也是一个空间（通常是 3D）、游戏引擎驱动的虚拟环境集合。① 在数字技术不断进化发展的过程中，数字技术无论是对于现实世界的映射和复刻，并对自身身份

---

① 参考自 https://medium.com/@aaronDfrank/how-to-explain-the-metaverse-to-your-grandparents-b6f6acae17ed。

进行进一步的艺术包装,还是通过虚拟人（Virtual Human）来制造现实世界中并不存在的对象,且其身份、性格、行为特点均是虚构的,它所呈现的外观和行为是对人类进行模仿的数字人。而这些由技术形成的事物,通过行动以及和物的关系缔结而不断地造物与造"超人"。人的生活日常也将呈现为元体系之间体验的"横跳"——不同元体系里的体验,指向了人在精神深处的不同断层,而这种指向性则是由数字交往与数字环境的互馈带来的。[①]

从由电子邮件和访问信息组成的初代网络体系 Web 1.0 到进一步提升了技术与功能的 Web 2.0,我们现在使用最为频繁的社交媒体和移动网络诞生了。随着技术的进步,Web 3.0 拥有了组建一个更具体验性的数字世界所必需的基础设施——元宇宙。Web 3.0 是一个去中心化应用的平台,它是一个更具有开源性、免费和公共的协议,用户可以使用它来构建自己的去中心化应用程序,Web 3.0 是使用开放标准和一个可访问的开发人员社区来构建的。对于游戏玩家来说,其实元宇宙自 21 世纪初就以多人在线角色扮演游戏的形式存在,这种类型的游戏类似《第二人生》《魔兽世界》《我的世界》和《堡垒之夜》,等等,这些游戏都包含"元宇宙"的一些基本特征,而可互动的操作性是一种传达全数字沉浸感的奇特方式。特别是随着 2016 年《精灵宝可梦 Go》游戏的全球风靡,人们对于虚拟互动性的探索更是进入了新的阶段。而伴随着技术的不断升级发展,不单是游戏方面,或许整个物理世界

---

① 杜骏飞.数字交往论（2）：元宇宙,分身与认识论[J].新闻界,2022（1）.

都可以成为像一张用数据作画的画布。

  游戏的元宇宙和虚拟搭建技术平台的不断完善，给元宇宙的"造物"提供了可能性。早期用户在游戏《第二人生》和《我的世界》中进行了一些从无到有的搭建，这些搭建伴随着用户的自我意志，在将自我对于世界认知虚拟化的过程中吸引了不少艺术家以作品形式参与其中；而到了2020年，任天堂Nintendo Switch的线上游戏《集合啦！动物森友会》发售更是在疫情暴发后掀起了一波搭建热潮；而后在2020年2月，Decentraland 3D虚拟世界平台正式向公众开放，更是把虚拟的全新"造物"推向了一个新的高度。在这样具有"造人"和"造物"特性的元宇宙中，不仅日常生活有了许多变化，在艺术的创作和发展层面，随着元宇宙作为媒介的扩展和延伸，艺术作品的产生也获得了更多的平台和元素，其中不仅有基于元宇宙传播特性的现实作品和艺术家的数字分身，也有针对元宇宙问题的思考与辩证，更多的是关于元宇宙技术的使用和艺术的新结合而去创造的更多源于技术变革下的艺术分身形式。

第二节
社交媒体的虚拟人

艺术家安迪·沃霍尔曾经在其展览序言中表示："在未来，每个人都有 15 分钟的时间来扬名世界。"① 而自从进入 Web 2.0 时代，直到社交媒体的大规模普及，作为交互性和参与性的媒体代表，或许安迪·沃霍尔所说的 15 分钟都显得太过漫长了。越来越多数字参与互动平台的产生为艺术的欣赏和传播带来了不可避免的一系列影响。而社交媒体本身为艺术家身份的重构、艺术创作形式的改变和艺术作品价值的界定都带来了可能性。处于社交媒体下的虚拟人通过元宇宙的数字网络去重新编码自己的人际关系，就如美国学者弗雷德·特纳（Fred Turner）关于计算机网络与真实自我表述的愿景一样，虚拟世界中的艺术形式主要是围绕进入虚

---

① 参考自 resourcemagonline.com/2017/06/meet-the-artist-behind-the-pink-house-las-latest-instagram-hot-spot/79193/。

拟世界的人的意识层面、共同需求或喜好的虚拟社群来进行更多的尝试。

随着人与人之间的沟通方式发生急剧转变,艺术生产、传播、欣赏和评论等艺术行为正在社交媒体的介入下重新建构。社交媒体时代的艺术关系建设不再只靠地理空间、现实交集、实体业务联系等有形纽带,而更多的是兴趣、爱好、认同感、信息交流等无形纽带。[1]公民意识的觉醒和虚拟社群的多变性、非固定偶发性,艺术作品的流动性和不可控性以及艺术家身份在社交媒体语境下的转换,都让社交媒体下的艺术形式拥有了更多的可能。随着新冠肺炎疫情的暴发,全球的美术馆、画廊以及各种公共艺术空间都进入停业停摆状态,这进一步推动了线上美术馆和线上艺术家的发展进程。社交平台逐渐多元和高频地进入大众生活,逐渐走向世界各个角落。社交媒体背后所裹挟着的数据流量开启了一种全新的社会交往模式,社交媒体下的虚拟人应运而生。

一、初始的数字分身

随着移动互联网内嵌到每个人的身体成为现实,个体成为信息的接收器、制作方、发布方和传播渠道,参与社交媒体下的艺术形式越来越成为网络原住民的本能选择,他们越来越有公民意识,他们积极实践公民社会,一方面唤醒独立个体的巨大潜力,

---

[1] 阮佳.社交媒体时代,你需要什么样的艺术关系圈?[J].中国艺术报,2014(S03).

另一方面解决各种具体的社会问题，参与社交媒体的艺术将成为年轻一代自我表达和社会参与的全新趋势。虚拟技术在非艺术领域，比如商务、游戏、电影、动漫、综艺等方面快速发展，那么虚拟技术在艺术领域又会带来怎么样的变革和发展，值得人们关注和思考。大众艺术传播走向"去中心化"，传播的内容走向局部性、交互性、扁平性和审美泛化。视听媒体让人重回信息传播的场景，而短视频让大众掌握了"记录生活"的话语权，人人畅所欲言，平等交换信息，正如苏格拉底时期的自由论坛，那正是民主的开端。[①] 随后的社交媒体的发展给了参与者去表达自我，甚至人人都可以实现自身艺术表现的可能性。这种技术的发展也进一步产生了艺术作品的边界，及艺术家身份的重新认知和建构。

对于社交媒体作品来说，是作品本身产生了流量，即使后来为作者带来了粉丝，但是更重要的是作品本身。社交媒体下的作品是艺术家发起，但所有参与的个体都同艺术家一起共同制作并完成了这件艺术作品。这类艺术作品在实践过程中，多伴随着偶发性和不确定性，即便艺术家本人也不能完全预料整个作品的最终呈现效果。在作品的诞生过程中，很多人会无意识地卷入作品中，并成为作品的一部分。更多的时候参与者往往都是非艺术相关领域的人群，而作品更像是一个事件。作品会伴随着问题社群的介入，并随着点赞、评论、转发使得整个项目不断推进和转变，通过大量的流量介入把艺术推向全新的参与范畴中，并且会不断

---

① 罗希彦.短视频为大众艺术传播带来的民主空间［J］.传播力研究，2020（08）.

地产生问题并尝试解决问题。社交网络与艺术之间存在一种新的关系，社交网络的出现促进了年轻观众群体介入并进行创作，这种创作带有一些年轻人的诉求和反思，这些艺术通过Instagram标签在这个虚拟的网络世界中流传，在社交平台下的艺术可以超越物理界限，作为一种全新的、具有标志符号性的艺术社群在网络社交平台下不断地被重建。①

这其实就导致了在技术变革下，以社交媒介为平台的早期数字分身形式的虚拟人的产生，这些数字分身受制于技术的一定限制性，通过社交媒体去塑造一个类似现实世界，但又有着不同的感知力和表达力的"人"，并将其放入媒介中去进行探索和讨论。比如2014年，阿玛利亚·乌尔曼（Amalia Ulman）在作品《卓越与完美》中，使用了175张手机照片、热门话题和词条让大众关注了一个并不存在的女孩，在Instagram上为这个虚拟女孩收获了15万粉丝。乌尔曼虚构的形象试图揭开女性在数量庞大的看似随意、实则经过大量刻意修饰的自拍上所花费的时间和精力，甚至包括整形这一事实的肉体牺牲，并抛出为何明明倡导和推行"真实"（authenticity）的社交媒体所呈现的结果似乎事与愿违这一疑问。同时，她为虚构的主角所设计的人生轨迹也在某种程度上批判了社会刻板印象中女性仍然需要被男性拯救这一偏见。② 如

---

① Asunción Bernárdez Rodal, Graciela Padilla Castillo and Roxana Popelka Sosa Sánchez. *From Action Art to Artivism on Instagram: Relocation and instantaneity for a new geography of protest*, Catalan Journal of Communication & Cultural Studies, Volume 11, Number 1, 1 April 2019, 23-37(15).

② 参考自 https://m.sohu.com/a/191592421_256863/?pvid=000115_3w_a。

果这个虚拟形象看起来像是迎合数字流量的"完美"型数字分身,那同样作为女性艺术家的安娜·根斯勒(Anna Gensle)的Instagram 项目则更可能是为女性本位表现的数字分身,其通过作品呈现女性如何利用网络领域的语言和行为来揭露网络性骚扰,并产生一种具有批判性、喜剧性和娱乐性的创造性抵制。[①]社交媒介的发展给予了物理现实层面许多原本被隐身或并不明显的问题一种可以被放大或者实现的数字分身。

其实早在 20 世纪 80 年代,梅罗维茨(Joshua Meyrowitz)在其著作《消失的地域》一书中,大胆地将麦克卢汉"媒介即讯息"的观点和社会学家戈夫曼(Erving Goffman)的"情境理论"结合起来,他认为电子媒介尤其是电视机的使用打破了传统的情境定义,而戈夫曼的情境论的主要观点是:人们的社会生活与戏剧有相似性,人人都在不同的社会舞台上扮演着不同的社会角色,在每位或每群观众面前显示自己略有不同的"变形体式"。而随着 20 世纪后期互联网的兴起和广泛使用,梅罗维茨又重新发展了自己的情境理论。梅罗维茨认为,在现代社会,媒介的变化必然导致社会环境的变化,而后者又必然导致人类行为的变化。或许他的理论就解释了新技术时代普通人分身产生的一些原因,以及分身在这种新媒介下的变化和特点。

社交媒体下数字分身的产生其实在艺术层面上使得普通观众的权力得以扩大,从特定观众扩大到大量有专长的普通观众。受

---

① 参考自 https://doi.org/10.1177/1741659016652445。

益于视野全球化和知识互联网化以及庞大中产群体的崛起，不同于传统艺术的欣赏大多被富有家庭及特权阶级垄断，艺术作品不仅收藏于教堂、美术馆、特权阶级办公室，众多中产家庭的墙上也悬挂着艺术家的作品，新兴的观众比传统的观众、评论家更有热情，从更多元的角度和自身经验观看作品，他们赋予作品与当代社会相呼应的全新价值。观众观看的地方不再局限于白盒子美术馆、艺术中心或者画廊。除了艺术家的实践场域发生变化，艺术家不再局限于工作室创作，街头、田野和互联网成为越来越多艺术家的工作室和美术馆。观众观看的时间不再局限于目的地的上班时间，而是变成 24 小时并且无地点限制。例如，理查德·普林斯（Richard Prince）在他的作品中诠释了共创的概念。他把 Instagram 作为自己作品的灵感来源，把自己定位为一个参与者，以嘲讽社交媒体艺术的原创性。他的创作过程是：首先对陌生人发布的照片进行评论并截屏，然后印制出来作为自己的作品。理查德·普林斯也提出了共同创作和艺术家缺席的概念。当我们选择发布一张照片时，我们会自动选择将其所有权交给公众，我们也会通过喜欢或评论一张照片而成为合著者。数字分身不仅给艺术家同样也给艺术的参与者带来了更多的可能性，这种分身可以让你去呈现或实现更多元化的自我，它拓宽了更多不可思议的边界的可能。

通过社交应用的连接，虚拟空间的艺术社群变成了一个全球化的群体，对于艺术世界构成产生了深刻的影响，它把更多的普通大众拉入了艺术生产和消费的环节中去。通过虚拟艺术社群中艺术家们的努力，艺术进入了更多普通人的生活。[①] 解构了参与和协作的概念，并确定了各种因素，这些因素限制了社交媒体使以前不平等的行动者之间形成参与关系的程度。[②] 基于"关系艺术"谱系在当下的艺术进化，从媒体属性出发，把每一位参与的观众当成作品的一部分，更当成媒体的一部分，通过持续不断的多层次参与、信息爆炸、媒体传播来撬动现实。尼古拉·布里奥（Nicolas Bourriaud）在《后制品》一书关于艺术用途中消费与生产里讲到，"一个展览重新关闭了另一个展览的剧本，每一个作品都能够插入不同的程序，用于多个脚本。它不再是一个终点，而是无尽参与的链上的一个时刻。"[③] 数字分身在 Web 2.0 时期就已经呈现出了这种如同孙悟空毫毛一般不断生成变化的形态。虚拟人技术不但制造了元宇宙中与现实类似但又不同特质的人，也更制造出了作为人的数字元素。

二、虚拟文化下的新偶像

如果谈及虚拟世界的偶像，可能大家马上想到的就是源自日本的"初音未来"，这个在 2007 年 8 月 31 日由 Crypton Future Media（克里普敦未来媒体）以雅马哈的 Vocaloid 系列语音合成程序为基

[①] 童欣欣.论社交媒体下虚拟艺术社群的社会交往及影响［D］.中国美术学院，2017.
[②] 参考自 https://doi.org/10.17863/CAM.7082。
[③] 尼古拉·布里奥.后制品：文化如剧本：艺术以何种方式重组当代世界［M］.熊雯曦，译.北京：金城出版社，2014.

础开发的音源库，如今已经是家喻户晓的虚拟偶像了，而且音源数据资料采样于日本声优藤田咲，所以说它是技术背景下产生的一个分身或许也并不过分。

但是回到艺术层面，虚拟文化背景下的艺术又会产生怎样的偶像文化呢？原本传统艺术体系中收藏家、评论人、艺术家三方联合，定义了什么是艺术，什么是重要的艺术，什么是重要的艺术家。今天的观众群体发生了巨大变化，从被动的信息接收者、艺术创作的旁观者，变成整个艺术体系的颠覆者，观众史无前例地变得重要，一方面，普通观众从购买力、传播上不再是旁观者的身份，而是重要的构建者；另一方面，观众直接参与到大量艺术作品里，成为材料、成为推手、成为艺术家不可或缺的一部分。收藏家、评论人和艺术家手中的权力收缩，在信息爆炸以及信息制造者多元的当下，观众参与创造并聚焦的信息成了越来越重要的信息。随着博物馆地位、观众观看习惯和大众趣味的不断改变，已经有一定知名度的艺术家们，比如辛迪·舍曼（Cindy Sherman）、KAWS（原名布里安·唐纳利）和村上隆等开始使用社交媒体。虚拟文化帮助这些艺术家们提升和扩展关注群体以及成为新的"偶像"。2017 年，美国著名摄影师辛迪·舍曼公开了自己的 Instagram 账户，从 20 世纪 80 年代开始，她就在相机前扮演不同的女性形象，通过自拍来探讨女性身份。如今，辛迪·舍曼也找到了新的展示和互动平台。

借助数字媒介艺术家在社交平台下构建的数字分身，不仅是因为这可能会为这些原本就拥有名气的艺术家扩展偶像光环，更是因为虚拟文化背景下的大量粉丝带来了巨大的流量,这样的流量可以让艺术家跳脱原本传统的艺术体制,打破原本传统画家成名的策展人、评论家、画廊、收藏家的体制。普通受众通过社交媒体也拥有了对艺术品评定价值的权力,让原本可能并不被传统艺术体制看好的艺术家也可以有一跃成名的机会。比如 Instagram 上的艺术家 Cj Hendry 原本完全没有名气,在 Instagram 上被发现后,于 2015 年 12 月在迈阿密的 Scope 艺术博览会上正式作为艺术家展出其作品,目前其 Instagram 粉丝数已达 52.5 万。[①] 还有国内抖音平台的女画家赵小黎,于 2020 年在深圳的木星美术馆展览《紧急迫降》,其抖音粉丝数在展览当时为 944.3 万。可以说,元宇宙下的数字分身给了更多人可以成名的机会,这是对原本在真实物理世界很难跳脱的秩序的挑战。

如果说艺术圈里的虚拟偶像还是因为 Web 2.0 的限制显得依旧没有办法完全体现元宇宙的特质的话,那 AYAYI 或许就从数字分身走向了一个更加完美的虚拟人。1989 年,美国国立医学图书馆发起"可视人计划"(Visible Human Project),这是人类历史上首次提出虚拟数字人的概念。此后,包括美国、日本、韩国以及中国在内的诸多国家,掀起了虚拟数字人的技术研究和应用浪潮。AYAYI 是运用了日本 Aww.inc 公司的技术创作而成的,同时她也是"天猫超级品牌"的数字主理人,并且现在进入了元宇宙

---

① Visone Alexia. *The Impact of Online and Social Media Platforms in the Art Market: A case study on Instagram*. Sotheby's Institute of Art - New York, ProQuest Dissertations Publishing, 2016.

开始进行营销设计的任务。AYAYI 解锁了很多不同的身份，比如 NFT 艺术家、数字策展人、潮牌主理人等。这些真实的职业在其他国家的虚拟人里都是没有过的。从 2021 年 5 月"最美证件照"横空出世，除了外观上对真人的高度还原外，AYAYI 还可以根据不同光影条件做出相应的模拟和渲染，并在整体人设、性格特征、行为举止与生活故事方面与人类保持较高的完整性与一致性，有着与人类相近的日常生活与喜怒哀乐。如《尼龙》杂志所评价的那样，AYAYI 是阿里巴巴的第一位数字人员工，标志着"虚拟数字不再是一个单纯的想象，而是更为切实地成为商业文明的一部分。"2021 年 9 月底，AYAYI 便与艺术家们联合在上海世博中心策展。而在天猫近期举办的"元宇宙艺术展"上，AYAYI 则以数字主理人、艺术策展人的身份携手 12 大品牌亮相，展示了自己设计创作的 8 大数字藏品，并颇有野心地表示自己"想把这个展览做成一年一度的盛会"。同年 12 月，AYAYI 还计划在智能空间 TX 淮海举办 NFT 艺术展，并立志要为更广泛的全球观众展示"数字人眼中的艺术展览世界"。①

2021 年，著名游戏公司 Epic Games 旗下的虚幻引擎（Unreal Engine）发布的 3D 高保真数字仿真人平台 MetaHuman Creator 为 AYAYI 的完美诞生提供了技术支持。技术的提升让她更接近真人的状态，而虚拟人特别是虚拟偶像，被赋予了独特的人物个性和丰富的情感，数字技术的提升也使得虚拟人可以在形象、言

---

① 参考自 https://mp.weixin.qq.com/s/ToyJvoZAh8L9vNs3D9rseg。

谈举止等方面无限接近真人，而且也不会有真人偶像的"人设崩塌"，不仅内容生产效率更高，而且想象的空间也更大。AYAYI小红书账号目前粉丝数量已经超过10万，在小红书中她不仅穿梭于北京、上海的各大美术馆的展览现场，更是收藏了艺术家丹尼尔·阿尔轩（Daniel Arsham）的作品。随着虚拟人偶像在社交平台的发展，上海的飞呦画廊（Fiu Gallery）近期还推出了全球首位画廊虚拟合伙人ALMA。这位来自2030年的数字虚拟人，以"飞呦画廊合伙人兼策展人"的职业身份被赋予了对艺术的鉴赏力和诠释能力，促使她成为艺术与大众的一个窗口。飞呦画廊联合创始人俞沁润和沈亮吟，以及NFT商业拓展资深人士共同构建的ALMA成为元宇宙下连接Web 3.0和Web 2.0的桥梁。[①]

元宇宙背景下，从数字分身到虚拟人的"造人"建设过程中，分身都是在线体验的常见部分，从即时消息中使用的缩略图到具有信息素和属性的完整动画、3D角色。这些在线身份与现实世界是分开的，但有时虚拟和真实之间的界限很模糊。数字分身给予人们呈现多面自我和参与公共事务的可能性，分身让你可以成为你想成为的样子，实现很多现实无法实现的可能性。社交媒体中的自我呈现本身也是身体实践的一部分。自进入移动媒体时代以来，身体本身更是成为具备移动性（mobility）的空间实践主体，通过新媒体中介，对城市、社区等地理空间进行身体性和社会性

---

① 参考自 https://mp.weixin.qq.com/s/0OowI-hwxgQdrApIVPpE5A。

分身：元宇宙艺术的打开方式

ALMA 个人信息图

星座、爱好等主观信息构建了 ALMA 的第二人格，除去职业身份，也为她的个性添加了鲜明色彩

资料来源：Fiu gallery

经验实践和再造。① 目前，元宇宙的"造人"可能还是更多地在围绕自我实现这个层面展开，而且在很多技术层面上可能还显现得并不太符合人们对于元宇宙技术的幻想，但或许元宇宙的"造物"会更接近人们对于元宇宙的一些期望。

---

① 周逵.沉浸式传播中的身体经验：以虚拟现实游戏的玩家研究为例［J］.国际新闻界，2018（5）.

第四章
重塑分身：艺术分身的 N 种形式

ALMA 展览活动图

ALMA 在艺术行业的发展路径上可以是创作者艺术家、画廊主，或是策展人，同时也可以跨界去时尚行业，包括可以成为一位有影响力、有使命感的 KOL。ALMA 不需要拘泥于某一个行业，因为未来的虚拟世界就是一个不断打破边界的过程

资料来源：Fiu gallery

第三节
元宇宙搭建热下的造物者

如果说人的分身"造人"基本上还是围绕自身而展开的元宇宙实践，那么技术背景下的"造物"一定是一种更高阶的人类向往。如果元宇宙的"造人"存在一种成为另外一个人的向往，那么"造物"就会更具有一种神性，像是盘古开天地一样，在元宇宙这片全新的天地中，每个数字分身都似乎得到了一次重启的机会。分身用虚拟剑战斗，建造虚拟建筑物，创建全新的虚拟关系，制造新的生命体。就像小说《雪崩》中所写的一样，"和现实世界中的任何地方一样，大街也需要开发建设。在这里开发者可以构建自己的小街巷，依附于主干道。他们还可以修造楼宇、公园、标志牌，以及现实中并不存在的东西。"①这些描述后来几乎是元宇

---

① 尼尔·斯蒂芬森.雪崩［M］.郭泽，译.成都：四川科学技术出版社，2018.

宙游戏的标配，在这里你可以无视牛顿物理学三大定律，以上帝的视角去构建一个专属于自身的中心化区间。

在游戏中，数字分身不仅是用户进入虚拟世界的手段，也是用户表达自我的方式。游戏平台为元宇宙的造物主们提供了可以施展自我的空间，如果说《第二人生》这一游戏是可以去开启人生另一种选择的游戏，并且也是元宇宙中最早也最具代表性的游戏的话，那么《精灵宝可梦 Go》可能就是虚拟世界通过 AR 媒介进入现实世界最有力的例证了，这款使用 Unity 游戏引擎构建的空间游戏可以将 3D 角色带入现实世界，也开启了技术进入大众生活新的里程碑。而后，其他游戏平台也都不甘示弱，其中值得一提的是 Roblox 平台，作为一个可以搭建游戏的游戏平台，Roblox 平台也充满了元宇宙的共建特质。最近非常流行的 Decentraland 平台，由阿根廷人阿里·梅里奇（Ari Meilich）和埃斯特万·奥尔达诺（Esteban Ordano）创建，于 2015 年开始开发，2017 年推出了基于浏览器的使用版本，用户可以通过使用以太坊区块链的 MANA 加密货币购买平台中的虚拟土地作为 NFT，由非营利组织 Decentraland 基金会对其进行监督，它也是目前在技术方面最完整的平台之一。

进入"造物"的元宇宙当中，参与者的身体经验会加入身份的投射。其实元宇宙中"造物"的分身远不止游戏这么简单，比如 Unity 游戏引擎。Unity 游戏引擎于 2005 年推出，目的是使更多开发人员可以使用它来使游戏开发变得"民主化"。截至 2018 年，该引擎已扩展到支持超过 25 个平台。该引擎可用于创建三维、二维的虚拟现实和增强现实游戏，以及模拟和借鉴其他经验。[1] 从 2010 年开始，Unity 游戏引擎通过实时 3D 平台被视频游戏以外的行业所采用，例如电影、汽车、建筑、工程和建造。Unity 首先在电影制作方面进行了实验，制作了一部讲述机器人逃离监狱的短片；Unity 还与电影制片人尼尔·布洛姆坎普（Neill Blomkamp）合作，于 2016 年在亚当故事的基础上制作了《亚当：镜子》和《亚当：先知》这两部由计算机生成的短片。[2] 汽车制造商可以将 Unity 的软件与 HTC Vive 等 VR 硬件相结合，在虚拟现实中构建新车的全尺寸模型。Unity 与奥迪的设计师和工程师合作，通过虚拟技术支持可以在虚拟汽车周围走动，看看它的外观，从而节省了构建物理模型所需的成本和时间。[3] 虚拟的搭建构成了现实世界的一个分身，数码物的存在即是对于物理世界的一种拓展，更是一种平行关系。在元宇宙中"造物"导致人与物的边界逐渐模糊，特别是 VR/AR 技术介入生活场景，甚至也会导致人的虚拟记忆（pseudo memory）不断产生。

一、从《第二人生》到"月球漫步"

《第二人生》游戏是由林登实验室于 2003 年推出的一个网

---

[1] 参考自 https://arstechnica.com/gaming/2016/09/unity-at-10-for-better-or-worse-game-development-has-never-been-easier/。

[2] 参考自 https://www.theverge.com/2017/10/4/16409734/unity-neill-blomkamp-oats-studios-mirror-cinemachine-short-film。

[3] 参考自 https://www.digitaltrends.com/cars/unity-automotive-virtual-reality-and-hmi/。

第四章 重塑分身：艺术分身的 N 种形式

络虚拟平台，游戏只提供土地，土地上的一切由玩家自己决定，玩家可以在游戏中做许多现实生活中的事情，世界各地的玩家也可以相互交流。《第二人生》是一个"网络游戏 + 社交网络 + Web 2.0"的组合，但如果说它有什么特点让其显得与普通的搭建类网络游戏不同，并且已经构成了显示物理世界的分身的话，一定是在于它有自己的经济体系和一种叫作林登币（Linden）的货币。林登币可以通过美元购买，也可以通过 PayPal 实现银行兑换，这也就使得它与现实世界的联系更加紧密。保罗·莱文森（Paul Levinson）在《新新媒介》一书描述《第二人生》时提到了"离世"（Off World）概念，"离世"是《第二人生》的居民用语，指的是真实生活里的电脑屏幕。[①]当我们翻阅《牛津高阶英汉双解词典》查找 Off World 的词义时会看到相关意义的描述为：远离地球或（在科幻小说中）被视为原生世界的地方。这其实就构成了一个非常有趣的反馈，元宇宙与物理空间的边界是否有通过技术所缔造的分身去"离世"的可能呢？或许许多艺术项目的尝试可以试图给我们一种解法。

《第二人生》游戏中比较有代表性的艺术家是意大利艺术家格莱曼·俊（Gleman Jun）。在色彩、灯光和透明胶片的动态效果中，他通过不断发展和改变自己来表达自己的创造力。在他的案例中，一件艺术品由两个不同的元素组成：视觉和技术。"视觉"是突然进入他的思想的图像，而"技术"是一种使虚拟记忆将视觉转换

---

① 保罗·莱文森.新新媒介[M].2 版.何道宽，译.复旦大学出版社，2019.

为"真实"且可共享的对象的体验。虚拟记忆这个概念在认知心理学中是指由于媒介内容的呈现方式和人类认知的过程特征，所形成的对于未曾发生过事件的不真实回忆。而胡塞尔（Edmund Husserl）在《事物与空间》中也论述了身体与空间的关系，认为身体在"空间感知"中具有优先性和承载性，并提出零点之身（null-body）的概念，数字分身在虚拟空间中开启的新的经验和虚拟记忆，也构建出了一个平行于物理世界的新的空间，这便是"造物"的可能性。它不仅是视觉层面上的建造，更是一种精神意义上的"造物"。

良风（Yoshikaze）工作室是由 Goodwind Seiling（又名 Sachiko Hayashi）在瑞典于默奥大学 Humlab 的支持下运营的一个基于《第二人生》游戏、为艺术家提供《第二人生》线上驻留项目，即"空中"驻留（"Up-in-the-air" Residency）的工作室。从 2011 年至 2013 年，有 9 位艺术家入驻到良风工作室在《第二人生》的"空中"驻地进行艺术创作。例如，加勒特·林奇（Garrett Lynch）是爱尔兰的新媒体艺术家，他以多种形式使用网络技术，进行在线艺术和装置的创作、表演及写作。自 2008 年以来，他创作了一系列装置和表演作品，涉及与网络空间相关的身份和地点的观念。在这些作品中，林奇通过将自己的身份转换为虚拟世界的身份来探索"真实"和"虚拟"。他在"空中"驻留期间甚至实现了在《第二人生》中"月球漫步"（Moon Walk）的探索。元宇宙中对于空间的创造具有无限可能性，也让对于虚拟空间的探索和建造显得极具魅力。

第四章
重塑分身：艺术分身的 N 种形式

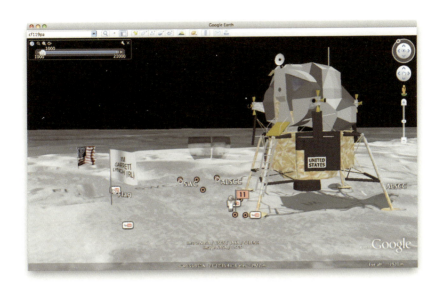

良风工作室驻留项目：艺术家加勒特·林奇作品"月球漫步"

资料来源：艺术家提供

而关于《第二人生》的"造物"远不是艺术家个人的参与，模拟画廊也大规模出现，比如 Sisse Singhs 美术馆、Windlight 美术馆和 Horus 美术馆都是最受欢迎的画廊，甚至还形成了世界上第一个虚拟在线城市艺术区 sim 塞特斯画廊区。而物理世界存在的美术馆其实也在之后加入了其他类似的线上游戏，例如，2014年英国泰特美术馆（TATE）与《我的世界》游戏联手打造了两张专属于美术馆的虚拟空间地图，两张地图都以城市为主题，一张灵感来自安德烈·德兰（André Derain）1906 年关于伦敦的画作《伦敦之池》，另一张则基于克里斯托弗·内文森（Christopher Nevinson）1920 年关于纽约的画作《无魂之城的灵魂》。前者将允

145

许玩家像德兰在 20 世纪初所做的那样沿着泰晤士河探索伦敦，并带他们寻找德兰在他的画作中描绘的各种历史遗迹。而后者使得玩家能够探索 20 世纪 20 年代的纽约，就像内文森画作中描绘的一样，乘坐火车进入虚拟世界，然后将他们运送到主要地标。随后玩家将快进到未来，看着摩天大楼从他们周围拔地而起。艺术家的观念输出的产物，经由元宇宙的媒介重新构建出一座虚拟的城市——艺术家的精神性的城市，即便并不一定能够完美地还原，但是作为真实存在艺术的分身，一个可以感知到立体的空间，也给了观看者新的认知，对于大众来讲是一种更加去边界化的艺术。

元宇宙的艺术表现给大众一种可以通过感官去更好地破译艺术的可能性，它的状态就像摄影术诞生一样。如果说摄影术将定格的影像大规模地复制并依托印刷传媒传播，令艺术脱离其膜拜价值，走向大众，那么元宇宙背景下的艺术可能是一种更大规模的大众化，它通过一种新形式的视觉化，扩大了感官的体验，也模糊了艺术家的界限。艺术家通过在虚拟世界成为造物主，不断地按照自我意念把物理世界建构成平行于物理世界的分身。

二、从"人民城寨"到"动森艺术祭"

中国艺术家在《第二人生》这个游戏舞台上的艺术创作也同样是精彩的，比如曹斐的"人民城寨"（RMB City）项目。曹斐在《第二人生》里化身中国·翠西（China Tracy）在博客上发表了"人民城寨宣言"，她写道："两个幽灵，虚拟的幽灵，在轻盈的城市上空飞翔……现在人民城寨向全世界公开说明自己的观点、自己的目的、自己的意图并且拿自己的宣言来告诉人们：这是一座从一开始就无法从记忆中抹去的城市。"她通过这样的虚拟空间构建了一个乌托邦，不论是把这些中式文化的元素作为城市的雕塑符号，或是推选现实生活中的艺术收藏家 Ulli Sigg 的数字分身成为市长，她通过身体在虚拟空间的在场去实现精神性的"造物"。就像姜宇辉教授谈及游戏时指出的，游戏的行为并不局限于玩，游戏的行为也不只局限于屏幕的一端。相反，游戏的世界是无边的，游戏并不仅是一个商品，而是海德格尔（Martin Heidegger）意义上的物（thing），可以在世界上起到广泛的连接作用。艺术家通过作品更加完善了世界之间的相连性。

2020 年，善怡艺术（Shiny Art）出品了"动森艺术祭"项目，近 30 位艺术家和玩家基于《集合啦！动物森友会》的游戏机制进行艺术创作，包括绘画、装置、地景、行为等表现形式。展览的发起机构对于展览进行了这样的描述："游戏世界冲破了现实空间的限制而拥有无限可能性，却也不得不受其'场域'的限制——每一步操作都被游戏机制限制，每件作品都需嫁接游戏语言。在同一场域的自然、历史、材料、文明和艺术史语境中，艺术家（素人玩家）和玩家（素人艺术家）在此相聚，各擅胜场，以实践探索新媒体艺术的公共性。"[①] 技术同样也具有局限性，它也提供了完全不同于现实的"物质环境"，借助于游戏语言的"造物"，有

[①] 参考自 https://mp.weixin.qq.com/s/5Z9WA2hM69qzIhL_JW-n8Q。

对物理世界空间的打破,也有新媒介带来的如何更好地去呈现"精神性"的挑战。

许多艺术家的作品在物理世界中也有对应的作品表现,比如沈凌昊在艺术祭中展出的《一个因无聊而变得更无聊的夜晚》,就对应了其之前在与《国家地理》合作的跨界项目《一个海边的夜晚》这件作品,《一个海边的夜晚》原本是艺术家在旧金山的海边创作的,描绘的是一个在海边的夜晚所构建的真实场景,是关于自然与人类之间关系的场域的探索。而在 2020 年 5 月一个无聊的夜晚,艺术家进入动森世界的 Shiny Art 岛,并尝试在小岛的海滩钓鲨鱼,可是每次钓上的都是游戏里最不值钱的鲈鱼,心灰意冷之际,他开始百无聊赖地沿着小岛的海岸线捡贝壳和珊瑚,打礼物气球,挖化石,并将当晚捡到的所有道具布置在他的卧室中,以此纪念这个因为无聊而变得更无聊的夜晚。而动森游戏平台的展览现场也沿用之前作品中的海藻、贝壳、金属、岩石、流沙、光线等一系列元素,元宇宙的虚拟空间与现实空间相呼应,但又因为在不同空间的不同感受而形成了相似但又不同的作品。在元宇宙的背景下更换作品名,其实也表现了作为现实世界的分身,虚拟世界并不一定是单纯的对现实世界的延伸。虽然作品与现实作品有所对应,但是也基于虚拟的身体产生全新的虚拟记忆,而这种虚拟记忆也促使艺术家成为虚拟世界的造物主。

当我们谈及艺术项目对于现实存在的回应,可能不得不提到中国美术学院在 Decentraland 上发起的"北碚"项目。以黄孙权为主导者的网络社会研究所的策展团队在幻境小组 MetaDAO 赞

第四章
重塑分身：艺术分身的 N 种形式

Shiny Art 动森艺术祭：Raven Poon 作品 *MoFA*

创作于 2020 年，致敬白南准
资料来源：Shiny Art

Shiny Art 动森艺术祭：沈凌昊作品《一个海边的夜晚》

资料来源：Shiny Art

149

助了一片 Decentraland 的土地，重现了 20 世纪三四十年代的北碚城市原貌。整个虚拟的北碚区域，一方面复原了北碚西部科学院、北温泉公园、知名文学家住所（老舍故居、梁实秋故居雅舍、阳翰笙与夏衍的竹楼）等建筑；另一方面是用历史图片、刊物等内容筹建北碚的现代化建设与集体生活的展览。这样的元宇宙下的艺术乡建通过虚拟的媒介构建了一个从过去穿越到未来的桥梁，而这样的空间分身是在真实的物理世界无法实现的。元宇宙对于这些历史建筑的复原，实现了大家构建虚拟记忆的可能，它不仅是重建了一种文化建筑的档案，更是通过元宇宙的媒介去构建一种新形式的集体记忆，也给社会发展逐渐导致的城市记忆的消退带来了重新"复现"的可能。在数字技术发展的当下，"北碚"项目也给未来的数字乡村建设提供了一些参考，虽然目前技术水平仍存在局限，比如建筑的精细度和还原度，以及耗时问题，等等。

不论是中国还是外国，在元宇宙世界里，借助游戏平台技术，众多艺术家可以投入其中成为元宇宙的造物者。游戏不仅提供了一种媒介，更本质的是它提供了一种基于技术的全新体验感受，它透过屏幕以虚拟技术构建了新世界的分身，而虚拟世界中参与者的共建一并构成了基于这个并行世界的集体虚拟记忆。或许基于现在的技术，"造物"的搭建还并不能如同真实的物理世界一样清晰多彩、细节饱满，但这些作品也都会成为元宇宙初始世界中非常重要的一部分。

第四节
元宇宙的"物"——NFT 与元宇宙关怀

我们在前文已经对 NFT 的技术基础和其呈现出来的数字资本主义扩展展开了反思。但是在忧虑之外有没有其他模式以及技术关怀呢？本节的内容便是围绕 NFT 如何作为一种公益性的事件展开。讲到元宇宙中的"物"，一定绕不开 NFT，NFT 原本作为一种金融证券，由存储在区块链中的数字数据组成，区块链是分布式账本的一种形式。NFT 的所有权记录在区块链中，并且可以由所有者转让，从而允许 NFT 被出售和交易。NFT 通常包含对数字文件的引用，例如照片、视频和音频。由于 NFT 是唯一可识别的代币，因此它不同于可替代的加密货币。NFT 技术为元宇宙提供了可靠的经济体系和版权溯源，NFT 画作成了区块链最大的热门，众多画家纷纷入场，把自己的作品变成 NFT 上链。根据 Cryptoart 的数据，排名前十五的艺术家的 NFT 作品的成交金额都已经超过了千万美元,甚至大家熟悉的艺术家迈克·温科尔曼(艺名Beeple)如今都已经不再是总成交额的第一位。

在元宇宙中诞生的"物"——NFT,它不仅是现实资本的数字分身,更是每个持有者在元宇宙中的数据点。在数字技术极度普及的当下,元宇宙中诞生的这些"物"是如何和我们的生活产生有价值的联系呢?上文提到的元宇宙中的乡建"北碚"项目构建了从过去到未来的桥梁,它不但给身处现在的我们复原了过去的历史,更是给未来的我们留下了一个完整的虚拟数据库。其实元宇宙中关于乡村建设和文化遗产保护的项目远不止"北碚"项目。NFT与乡村建设和文化遗产保护的结合更是展现出了属于元宇宙所特有的一种数字关怀。

长崎市的山谷志(Yamakoshi)是日本山区的一个小村庄,人口约800人,有1 000年的历史。2004年经历了大地震后,该村庄的人员流失严重,即使后来经历了城镇的重建,但依旧面对一个很严峻的事实:历经地震后伴随着人口老龄化等一系列问题,这个村庄正在逐渐消失。在这座隐藏在山中的村庄里,艺术家通过NFT技术创建了一个独特的基于元宇宙的自治社区,将800名真正的山谷志居民和10 000名全球数字居民聚集在一起。艺术家将这个村庄世代相传的文化特色之一锦鲤作为NFT的研发元素,通过彩鲤产业与世界相连,尝试面向世界创建一个更加具有全球性和开放性的虚拟村庄"山谷志",即一个由彩色鲤鱼NFT所构建的全新世界。为什么说它是一个由NFT所构建的全新世界呢?因为它在全球首创的10 000点NFT除了作为数字艺术藏品之外,更兼具了电子居民卡的功能,是"800+10 000 人"新城市的新宣言。而其 NFT 作品目前是由两位艺术家创作完成,一位艺术家是 Okazz,他创作的是第一批次时投放的《锦鲤》(*Colored Carp*),之后的第二批次是由艺术家 Raf 创作的《锦鲤》(*NISHIKIGOI*)。

山谷志 NFT:Okazz 作品《锦鲤》

资料来源:https://note.com/yamakoshi1023/n/n6560e0bf425f

村落通过第一次 NFT 销售，大约拥有了 350 名数字村民。而在发行 NFT 后不久，作为 NFT 持有者的数字村民通过其数字山谷志居民的身份，发起了"山谷志数字村民总选举"的项目，他们将首次销售的 30% 左右的销售额（约 3ETH）作为活动预算，向数字村民征求项目计划，保持山谷志地区的活力。[①]这些数字村民不仅制定了相互合作来发展社区的目标，还在 Discord 创建了社区小组。随后根据小组表决全票通过了给予现在实际居住在山谷志地区的居民免费发放 NFT 的决议，这也拉近了数字居民与实际居民的关系。虽然数字居民和原住民之间有许多需要磨合的地方，但数字居民的入住确实给这个地方带来了新生。

这些数字村民，无论实际上身居世界的哪个地方，对于山谷志区域却有着集体的共识；无论他们的职位、年龄或性别，他们对于这片物理意义上的土地都饱含感情，他们通过这样的数字身份去共同重建这个地方，在群组里分享信息，讨论关于这个村落的未来发展规划。通过元宇宙的这片场域，他们彼此去建立共识，不断地去讨论、学习和发现。山谷志的数字居民与原住民之间有这种体验冲突、喜悦和认识彼此成为朋友并建立信任关系的过程，也不断地挑战数字与现实的融合，昔日的边缘村庄向世界开放的 DAO 借由 NFT 迈出了一小步。如果说"北碚"项目是通过"造物"来进行乡建，那么山谷志的项目则是通过"物"去重新缔造失落乡村的关系网。

---

① 关于山谷志区域信息皆来自笔者在 Discord 小组收集的一些公开日文资料并进行翻译。

虽然有很多理论指出，数字技术的发展会缔造"附近的消失"，但是数字技术也可以造成新的网络缔结。元宇宙的"物"不仅是资本的象征，更是一种身份的构建。这种 NFT 作为身份链接的方式，让源自技术的关怀也可以照进现实生活。如果说日本山谷志的 NFT 除去资本也给予人身份，那么中国的敦煌"数字供养人"的 NFT 项目则是通过 NFT 构建了一个跨越空间、独属于每个人的专属博物馆。

腾讯与敦煌研究院合作的公益 NFT 项目中，参与者在"云游敦煌"小程序参与文化问答互动，便有机会获得敦煌"数字供养人"典藏版 NFT——带有敦煌莫高窟第 156 窟的全景数字卡片。答题一共分为五个类型，分别给予 NFT 奖励：麒麟之才 NFT 卡牌、良将之才 NFT 卡牌、可塑之才 NFT 卡牌、江湖之才 NFT 卡牌、无为之才 NFT 卡牌，即便全部答错，但只要参与其中就可以获得无为之才 NFT 卡牌。参与者答对题目越多，募集到的善款将越多，而这些善款最终会用于中国敦煌石窟的保护。对于所有参与者来说，这不仅是一场公益活动，更是通过 NFT 技术来获得一份稀有且具有文物价值的敦煌数字藏品。借助腾讯云至信链的区块链技术加持的 NFT，文化遗产变成了一个具有官方记录的、可收藏、可追踪的数字资产，它兼具文化传播与保护的功能，真正地给予每一个"数字供养人"一个文化博物馆。它可以通过小程序让这些沉寂千年的壁画都"活起来"，进入不同的故事篇章，使参与者不仅可以欣赏敦煌壁画中晚唐时期的生活场景，还可以获取当时社会民俗、服饰等相关文化知识。

NFT 作为一种虚拟货币，通过跟艺术和生活相结合，展现出的并不全是资本方面，它同样通过其技术的独特性去实现一种元宇宙的人文关怀。当下，人们对于 NFT 褒贬不一，有人认为它是新的投资方向，也有人怀疑它只是个美丽的泡沫，甚至伴随着 NFT 类型的产品越来越多还出现了上当受骗的情况。当我们摘掉资本化的眼镜回归到作为元宇宙中"物"的本质再去看待 NFT，它的唯一性和可追溯性其实才是它最有价值的内在。而元宇宙的去中心化的共建性其实都给了这个"物"更多的实现其价值的可能性，而不单纯是投资这么简单。NFT 不应只被视作资本的分身，应该更多地被当作持有人打开元宇宙大门的那把钥匙。如果人们可以借助 NFT 自身的技术性，将它更多地利用在数字关怀层面，或许会给这个"彩色货币"更多的良性发展空间。

我们将元宇宙定义为一个数字空间，它允许创建和执行一个或多个虚拟身份，实现资产的所有权和分配，并模拟一个社会系统。Web 1.0 是硬连线的互联网，公众无法访问；Web 2.0 是我们大多数人认为的互联网，但其实这已经进入了元宇宙的时代；而随着去中心化服务的出现，Web 3.0 消除了"守门人"，进入了用户共建的时代。元宇宙在我们生活的背景中无缝且无形地运行，将我们的数字行为与我们的现实世界体验联系起来。作为用户，我们需要重新意识到我们是推动互联网体验感的人。我们是控制我们生活的人，而不应该是技术平台。虚拟世界是真实的，充满了数字体验，并开启了人类创造力的下一阶段。扎克伯格也说过，元宇宙不能由一家公司建造，也不能由单一平台驱动。元宇宙应该是一个打通虚拟技术媒介边界的存在，无论是用户通过数字分身来实现的"造人"，还是基于空间环境的"造物"，元宇宙更多的是去制造连接和新的共同记忆。

元宇宙的分身制造让我们的数字体验实现"互操作性"，我们可以通过对于技术的了解和沟通，通过制造元宇宙，将我们的数字体验和"现实世界"体验更紧密地联系在一起。元宇宙不单是科技概念，还是精神与文化在虚拟空间的一种再现，元宇宙乍看起来就像一个通用的用户体验，把我们所有的应用程序、产品和平台体验都连接在一起，但它却因为它制造的"物"——NFT，给我们创建了独特的、不可替代的用户身份。元宇宙作为我们可以生活、工作和娱乐的数字世界，在当下其实还有很多的技术问题有待于发现和解决，但艺术通过在元宇宙中"造人"与"造物"的过程，尝试创建了更多的元宇宙组件，制造这个虚拟空间的过程其实就如同我们十几亿人去制造我们的物理空间的过程一样，需要每个人加入元宇宙的创作和参与中。

第五章

虚拟肉身：分身与数字世界的互动

平行宇宙：1970年开始连载的日本漫画《哆啦A梦》，讲述了一个来自22世纪的猫型机器人——哆啦A梦，受主人野比世修的托付，回到20世纪，借助从四维口袋里拿出来的各种未来道具，来帮助世修的高祖父——小学生野比大雄，解决身边的种种困难的故事。刊登于小学五年生杂志1973年4月号的《郊游》中的一期，出现了一个神奇的道具——"任意门"。这是一扇有着梦幻般颜色的粉色大门，门的把手上有时间刻度，当你拧动门把手的同时，想着想要去的地方，打开门的瞬间，就能到达你想去的地方和某个特定的时间，这扇门是一个时间和空间穿越的集合体。这是一个"想到哪里就到哪里"的无比诱人的道具，也许是人类最想获得的一种"超能力"。

而这个道具的诞生并不是完全凭空想象的，随着爱因斯坦提出"相对论"，人类对基于牛顿力学和运动学所建立的"绝对时空"观产生了动摇。狭义相对论中的"光速不变原理"和"狭义相对性原理"，在理论上提出了，只要物质运动速度超过光速，时光就可以倒流，人类可以穿越时空，回到过去。在1985年美国的一部科幻电影《回到未来》中，疯狂的布朗博士发明了一辆具有汽车外形的时光机，就是利用了只要制造出能超越光速的机器，就可以实现时光旅行的幻想。这部电影成为穿越片的鼻祖，也催生了好莱坞一种新的影片类型——硬科幻片，也就是基于严谨的科学理论基础而并非全靠天马行空的想象的一种影片。而2014年的硬科幻大片《星际救援》更是将星际旅行这类科幻片推向了"写实"的倾向。这部影片中对未来的想象都经过科学家严谨的理论指导，电影中创造的"黑洞"影像，同2019年人类第一次拍摄到的"黑洞"影像，竟然如此接近。而其中穿越时空所借助的"虫洞"和主人公所进入的"多维空间"也正是依托于爱因斯坦广义相对论中提出的"引力可以造成时空扭曲"的理论。

而在中国的历史中，对于时空穿越的描述更具有写意性，无论是晋代"观棋烂柯"中时光飞逝的传说，还是"黄粱一梦"中瞬息间经历现实中不可能实现的虚幻梦想，抑或是集想象力之大成的"贾宝玉神游太虚幻境"，命运之神借警幻仙子之口，在贾宝玉的梦里，或者说潜意识层面，将人的命运呈现于一句句判词里。中国的这些有关时空旅行的故事里都没有科学的影子，而是从哲学层面，在人的意识的层面，直接绕开物理世界的逻辑约束，在"恍惚"之间便完成了时空的穿越，进入了一个无边的想象世界。而中国美学中对"写意"的追求，对虚幻意象的探索，对宇宙观形而上的认识，早在老子时代就已经有了非常深入的见解。《老子》一书中写道："是谓无状之状，无物之象，是谓恍惚。"也就是说，老子把一种没有影像的影像，没有形状的形状，称之为"恍惚"。"恍惚"之间，就是中国人穿越时空、进入想象世界的

"任意门"。

不论是西方"理性科学"的时空穿越,还是中国"无物之象"层面的意识"恍惚",都是人类对不同于现实世界的"超验"的想象世界的苦苦追寻。而随着"元宇宙"这个将现实世界和想象世界进行"数字孪生"的虚拟世界的到来,我们似乎能够看到一种全新的可能——人类以科学为拐杖,蹒跚地走向想象力的世界。而进入元宇宙的"任意门",或许就是我们眼前的观看设备——屏幕或者VR眼镜。

第一节
寻找"天梯":与精神世界直接对话的狂想

2015年6月的一个清晨,在福建泉州的一个小渔村,一架被点燃的梯子划破幽蓝的天空,窜向无边的天际。人们被这一视觉奇观震撼的同时,被点燃的还有内心对通往另一个世界可能性的无尽遐想。

这件作品是烟火艺术家蔡国强的《天梯》。作品的灵感来源于蔡国强在耶路撒冷听到的关于很多人死后想葬在耶路撒冷山谷的传说:"在世界末日,上帝来拯救人间,山头上将会竖起梯子,伸入云端。人们认为,葬在这里的人会早些顺着梯子,升入天堂。"梯子成了传说中通往另一个世界的符号,而蔡国强通过烟火制造的"天梯",在真实的世界里再现了艺术家的想象力,也成为艺术家对精神世界自我表达的"天梯"。

从1994年蔡国强在英国巴斯美术馆的窗子上画下"天梯"草

第五章
虚拟肉身：分身与数字世界的互动

图，到最终变为烟花艺术作品，历时 21 年的波折。用短暂即逝的烟花连接起地球与宇宙，像人类历史长河中一次次想走进另一个世界而不可能实现的悲壮尝试，闪耀着一种人类明知不可为而为之的孤勇光芒。21 年的锲而不舍，映照出人类与另一个世界直接对话的强烈渴望。而"另一个世界"也从蒙昧时期的"天堂"，到更具体地指向一个想象力自由的精神世界。

《观看之道》一书开篇写道："观看先于言语。"所以，文字、绘画、影像一直是想象力再现的物质载体。而人类获取信息的方式 80% 以上是通过图像获得的，尤其是摄影术发明以来，图像变得可复制，则更加便于传播。影像或者更具体地说，活动的影像，成为人类观看的最主要客体、想象力再现的绝对主角。

然而，不管是绘画还是图像所创造的世界，都像真实世界的

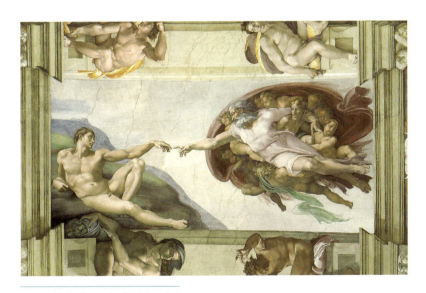

西斯廷教堂壁画局部《创造亚当》

"虚像",是无法触摸到的。就像米开朗基罗的壁画《创世纪》里,人类渴望碰触的"上帝之手";或者像电影《银翼杀手2049》里,虚拟人想碰触真实人类的"虚拟上帝之手",离得无限近,但永远无法触及。两个指间的缝隙里,是真实与想象两个世界的"结界"。而以影像为主要观看对象的真实世界里,屏幕就是我们与影像世界的"结界"。

随着技术的发展,人类在观看的体验上不断想突破屏幕这个"结界",甚至想走入影像,沉浸于想象的世界之中。然而,就算我们可以借助VR眼镜走入虚拟世界,沉浸于幻象之中,我们依然无法突破VR眼镜上屏幕的"结界"。1961年,梅洛·庞蒂在《可见的与不可见的》一书中提到:"有些东西我们无法接近它,只能用我们的观看去触摸它。"这为我们提供了另一个维度的"触摸"。我们可以借由屏幕这个"结界",通过观看影像,触摸想象力世界的"上帝之手"。

而影像,也随着技术的发展,从胶片的复制时代,发展到数字化的再创造时代,再到计算机虚拟出的元宇宙时代。每一次技术的变革都极大地拓展着想象力再现的边界,为通往另一个世界的"天梯"拔高一节。

第二节
梦境捕捉器：想象力再现的技术革命

1991年，德国导演大师维姆·文德斯（Wim Wenders）拍摄了一部科幻电影《直到世界末日》。电影中男主角山姆的父亲为了让眼盲的母亲看到家人，发明了一个独特的摄影机，外观酷似现在的VR眼镜。这个摄影机可以将拍摄的数字影像转换成脑电波，从而让山姆的母亲看见。山姆奔赴世界各地，通过科技将看到的世界景象传送给母亲的脑电波，让母亲看到了外面世界的影像。不过母亲临终前却说："看不见反而更好，这世界竟变得如此丑陋。"而在世界末日即将来临之际，他们把梦境转化为视觉，让人们可以通过对梦境的观看进行直接交流。世界最终没有毁灭，他们却沉浸于对梦境的追寻中难以自拔。

这部科幻电影貌似荒诞，却暗含着文德斯对电影本质以及影像对于人类价值的深入思考。电影发明之初，它最基本的功能就是复制真实世界的影像，并传播给他人观看。而他人通过观看影像，增加对这个世界的认知。而电影的另一个功能可以说是它最擅长的"造梦"功能。电影借由影像在现实世界之外创造出比生活本身更诱人的一种幻象、一个梦境。而文德斯在这部电影中设想将梦境直接投影并记录在胶片上，这或许是电影创作者的终极梦想。因为电影作为一种人为的景观复制或者重造的影像，受限于技术等各种客观条件的限制，是不可能将不受现实世界束缚而无比自由的想象世界完整再现的。

或者可以说，想象力是没有边界的，而想象力再现的边界，就是现实世界里人类的能力边界。而每一次想象力再现边界的拓展，都是伴随着影像技术的革命而被推动的。

一、当人类第一次看见地球

2022年5月12日，事件视界望远镜（Event Horizon Telescope，简称EHT）合作组织发布了首张银河系黑洞照片，瞬间登上"热搜"，引发全球关注。这不是人类第一次发布黑洞照片，2019年4月10日，"事件视界望远镜"项目发布了人类拍到的第一张黑洞照片，这个神秘的天体终于露出真容，这是证明黑洞存在的最直接的证据，足以载入人类史册。

但是，在更早之前的1972年，有一张照片，可以说改变了世界。美国国家航空航天局（NASA）发布了由阿波罗17号宇宙飞船上拍摄的一张完整的地球照片，地球主体被蓝色的海洋覆盖，陆地和云朵漂浮其上,这个被命名为"蓝色弹珠"的图像,据称是目前世界上被复制最多的图像,因而被全世界所熟知。

地球第一次以图像形式完整地呈现在人们眼前,令人们感到既熟悉又陌生,我们过去所探索和认识的周边世界、人类所创造的庞大物质文明,在这个蓝色弹珠里毫无痕迹。仅仅是从月球的角度来看,人类几乎已经没有了存在感,放在更广阔的宇宙里几乎更是可以忽略不计的。这种视觉冲击带给人类的心理震撼,尤其是放在20世纪绝对理性的科学技术占据发展主导、人类高呼"上帝死了"的狂妄时代背景下,别具意义。人类在影像呈现的客观事实面前,低下了高傲的头,重拾对自然、对宇宙的谦卑敬畏。照片发布时,很多人觉得这张照片改变了他们的人生,而对于全人类而言,人类第一次站在真正的"上帝视角",审视自我的命运。"地球村""人类命运共同体"这种抽象的词汇,真正在人们内心深处扎下了根,人们在认知层面第一次达成了共识。

这张照片尽管是数字图像,但是,毫无疑问它是人类发明摄影术这种可复制图像的技术以来,影像领域最为高光的时刻。

在可复制图像的摄影术发明之前,在距今约1.6万年的法国拉斯科洞穴里,史前人类就在闪烁的火光中,再现日常经验中所观看世界的影子。在文字发明之前,世界各地的文明遗迹中,远古人类用绘画或者雕塑再现经验的世界和想象的世界。文字发明之后,人类开始用文字记录、再现经验的世界,甚至超验的世界。中国古籍文献《山海经》用文字再现了上古人类对生活空间和精神世界的想象,创造了一个超验的"神话"时代。到了1839年,达盖尔公布摄影术发明之年，同时期清朝的林则徐开展禁烟运动，清朝开始闭关锁国。那时候的国人，见到手持摄影机的外国人，认为这是可以"摄魂"的巫术，金发碧眼的外国人则是"洋鬼"。1895 年，法国的卢米埃尔（Louis Lumière）兄弟在巴黎"格拉咖啡馆"的地下室里公映活动的影像《火车进站》，标志着电影的诞生。人们在咖啡馆里惊呼着躲闪屏幕里呼啸而出的火车，人们受到逼真的影像内容的惊吓，也惊叹于这种逼真的复制真实世界的运动影像技术。人们对世界的强烈好奇心激发了这对兄弟敏锐的商业头脑。他们成立了专门放映活动影像的电影院，而为了不断满足人们的好奇心，他们还培养了大量的摄影师，派往世界各地，各种新奇的风土人情被带回巴黎，又复制到世界各地涌现的电影院里。很快，1920 年，人类的好奇心就带着摄影机到了地球的边缘。美国的摄影师拍摄了一部记录北极爱斯基摩人生活的影片《北方的纳努克》。

短短几十年，人类借由这种可以复制真实世界的活动影像，看到了更为广阔的世界的真实面貌，靠着这一卷卷的影像，像拼图一样，人类重塑了对世界的认知。在逼真的运动影像面前，超验的"神话"世界迅速坍塌，漫长的人类认识世界的"洞穴期"宣告结束。

在人类第一次看到黑洞照片之前，2014 年导演克里斯托弗·诺兰（Christopher Nolan）导演的《星际穿越》中，在天体物理学家的理论指导下，创造了一个黑洞的影像，但是，从真实的黑洞照片公布开始，未来所有科幻电影中的黑洞影像就要以真实黑洞影像为底本了。

可复制的影像重塑了人类对真实世界的认知，而同时，人类想象力的起点重新站在了被重塑后的认知之上。

二、欢迎来到《侏罗纪公园》

1993 年，史蒂夫·斯皮尔伯格（Steven Albert Spielberg）导演的科幻电影《侏罗纪公园》上映。当荧幕上出现霸王龙时，观众受到了巨大的惊吓。不同于电影诞生之初，人们被仿佛要冲出银幕的火车吓到，这次人们是被一个从未见过、却又无比真实的远古生物吓到。逼真的皮肤以及自然的动作，使人们甚至开始怀疑，难道制片公司真的用恐龙基因复活了恐龙？

这当然不是利用基因复活的恐龙，而是完全通过计算机图形技术创造的全新的"像素"物种。而这只"像素恐龙"不仅带观众体验了远古时代的奇观，更将电影制作带入了一个全新的时代。

电影上映后，《帝国》杂志发表了这样的评论："这部电影真正的明星是工业光魔创造的那些恐龙——一个现代电影制作的奇迹。"而工业光魔这家由乔治·卢卡斯（George Lucas）成立的特效公司，1977 年制作出了胶片时代最伟大的科幻电影——《星球大战》。从 1897 年电影魔术师乔治·梅里爱（Georges Méliès）拍摄出第一部科幻电影《月球旅行记》开始，电影从复制现实走向了想象力再现的领地。"视觉特效"成了通往想象力的天梯。人们在科幻电影中，看到了大量在现实世界的经验中不可能存在的影像。

分身：元宇宙艺术的打开方式

而自从计算机图形技术介入电影，人类创造出了很多超出大众想象力的新物种和新的视觉奇观。

在计算机图形技术介入影像生产之前的"光化学时代"（Photochemical Era），视觉特效都只能在镜头内借由道具或者模型以及图片背景来"定影"在胶片上。从道具的逼真程度到模型运动的自然程度，以及重拍的高昂成本，都极大地制约着想象力变成可以观看的影像的发展。而计算机图形处理进入影像生产，使得电影进入了数字时代。影像是计算机生成的像素，而像素作为数字信号，可以在计算机上任意修改、拼贴和复制。任何天马行空的想象力再现成可以观看的影像，在理论上都成为可能。而作为演员的真实的人，开始在绿幕前对着空气表演，然后用抠像技术，变成剪辑时间线上的一个"图层"，和各种"像素物种"以及背景拼贴在一起，创造出各种真假难辨的视觉奇观。这种视觉奇观的创造在《变形金刚》系列电影中达到巅峰，并一直使用至今。

三、《阿凡达》的双重"分身"

2009年，詹姆斯·卡梅隆（James Cameron）导演的《阿凡达》上映，电影营造的潘多拉星球上美轮美奂的场景借由IMAX技术和体验更好的3D技术，给观众带来了一场前所未有的视觉盛宴。而这部影片最引人注目的还是计算机图形技术创造的类人物种"纳威人"所呈现出来的与人类动作以及表情无比细腻的相似度。而这背后使用的是一种包含"动作捕捉"和"表情捕捉"

的"表演捕捉"技术。

电影的英文片名 *Avatar*，在《牛津高阶英汉双解词典》中的解释为：化身。化身原本指的是"印度教和佛教中化作人形或兽形的神"；而在当下，化身尤指"电脑游戏或聊天室中代表使用者的化身"。电影里人类为了与潘多拉星球的纳威人沟通，用人类 DNA 和纳威人 DNA 创造出了具有纳威人外形，但是可以由人类意识操控的克隆纳威人。人类躺进一个像棺材一样的容器，睡去以后就可以用意识控制克隆纳威人在潘多拉星球自由行走。这个设定非常像在模拟人类"做梦"，只要我们睡去，就可以进入梦境，在梦境这个异次元世界里天马行空。而故事的设定里男主角杰克是个双腿瘫痪的退役军人，在现实世界里被剥夺了自由行动的能力，但在纳威克隆人身上重新获得这种能力。

而在计算机屏幕之外，人类用"表演捕捉"技术将人类行动和面部表情的运动参数，同步给计算机内的 3D "像素物种"，来控制虚拟角色的运动。这个技术最早应用于电影《加勒比海盗》，为了实现月光下海盗会变成骷髅的视觉特效，工业光魔将传感器绑在了演员的关节上，记录下演员的运动轨迹，并将这些运动轨迹的参数绑定在计算机图形生成的骷髅上，让骷髅像人一样运动起来。而到了《阿凡达》，导演卡梅隆将这种技术进一步发展到了更精细的面部表情捕捉上。演员的脸上画满了密密麻麻的跟踪点，通过记录演员的面部表情，映射到虚拟角色的脸上，从而让这个完全靠想象力创造出来的蓝色生物，有了跟人类一模一样的喜怒哀乐的细微表情，让角色变得更加生动和具有说服力。同时，这也解决了计算机图形技术靠模拟几乎不可能达到的、人类所谓"牵一发而动全身"的生物体的复杂而又细微的动作。这种庞大的运算量是当时的计算机算力所无能为力的。

就像人类用意念控制克隆纳威人学习纳威语言，想与一个异种生物进行沟通一样，导演需要在呈现一个靠想象力创造的"像素物种"时，与观众可以顺畅沟通，而让各种超乎想象的生物或者非生命体，具备和人一样的动作、一样的用来表达情绪的表情时，这个由计算机创造的"像素物种"就具备了人格，就能与观众进行同频的交流。

电影里，杰克用意识控制自己在潘多拉星球的纳威人"分身"，而在计算机屏幕外，人类通过"表演捕捉"技术，控制着计算机图像运算出的纳威人的"像素分身"。而这双重的"分身"，就像电影故事里所表达的人类的一种渴望，一种在想象力的世界里能自由奔跑的渴望。

四、《曼达洛人》的虚拟"肉身"

2019年，由迪士尼投资的星球大战系列前传真人剧集《曼达洛人》播出，收获良好的观众反馈的同时，在电影业界引发了空前热烈的讨论。因为，这部影片的制作使用了一种全新的革命性的方式。好莱坞为这种拍摄方式发明了一个新的词汇"虚拟拍摄"或者"虚拟制片"。

《曼达洛人》的制作团队，在片场搭建了一个巨大的环形 LED

屏幕，屏幕上投放经过视效团队提前制作的背景环境，这个背景通过实时引擎实时渲染输出画面，并且能够根据摄影机的运动模拟摄影机视角投放对应视角的内容。而演员像在实景中一样进行表演，摄像机拍摄的画面无须再经过后期特效加工。

这部剧集的创作者和制片人乔恩·费儒（Jon Favreau）在采访时提到，他们原本是想引入LED屏幕作为传统绿幕的替代品，获得色彩和亮度更为均匀的绿幕替代品。但是，他对之前VR观看体验印象深刻，于是在看到LED屏幕的时候，对制作团队提出了能不能用LED屏幕投放实时背景的想法。最终，不负所望，一部几乎完全在LED屏幕前拍摄制作的科幻剧《曼达洛人》诞生。而这种革命性的制作方式，毫无疑问是一系列技术发展成熟所催生出的必然。

除了高密度像素的LED屏幕、高性能的渲染显卡等硬件，最为重要的是驱动屏幕内容的软件系统，制作团队开创性地引入了开发3D游戏的"虚幻引擎"。虚幻引擎不仅可以制作逼真的三维世界模型，并且具有性能强大的光照系统，可以模拟阳光或者灯光来照亮三维世界里的所有物体，实现无比逼真的光影效果。另外，类似于演员的"表演捕捉"系统，虚幻引擎可以通过捕捉摄影机的运动，将摄影机光圈、镜头以及运动参数映射到虚幻引擎的虚拟摄影机上，这样在虚幻引擎创建的三维场景中，虚拟摄影机就可以完全模拟真实摄影机"应该"看到的场景和效果，并将它实时投放到LED屏幕上。这样在真实的摄影机拍摄时，真实的演员表演在摄影机面前变成了"虚拟肉身"，演员的表演和摄影机捕捉到的场景进行实时合成，最终达到"所见即所得"的拍摄效果。

这种利用 LED 屏幕所进行的"虚拟拍摄"，最为关键的就是屏幕内虚拟世界的创造。而利用虚幻引擎不仅可以对真实世界进行"数字孪生"，更重要的是可以制作任何想象出的场景。所以，使用 LED 屏幕和虚幻引擎驱动的"虚拟拍摄"，实际上是将真实世界或者想象的世界，借由虚幻引擎再现在 LED 屏幕内的"虚拟化身"。

五、打开"元宇宙美育"任意门

"虚拟拍摄"技术为呈现真人与虚拟世界之间的交互提供了非常好的解决方案。我们可以与"数字孪生"的现实世界进行交互，也可以对虚拟的想象世界进行可视化的呈现。而在美育过程中，不管是对基于物质载体的绘画、雕塑、建筑等的外在形式的欣赏，还是对艺术家精神世界的触碰、对内在美感共鸣的抽象捕捉，在理论上，我们都可以利用"虚拟拍摄"的形式进行影像化的视觉再现。同时，在课堂上，老师借助教室内的屏幕设备，甚至 VR 设备，随时可以打开通往全新维度美育教育的一道"任意门"。

为了验证借由"虚拟拍摄"可能为美育教育带来的全新维度，我们尝试拍摄了一部观众欣赏绘画作品时的内心感受过程的实验短片《秘境》。我们假设一位观众来到美术馆，被一幅画作吸引，走到画前欣赏的过程。我们首先借助虚拟引擎在元宇宙的虚拟空间里建造了一个三维美术馆，另外在虚拟空间里用 VR 绘画的方

第五章
虚拟肉身：分身与数字世界的互动

实验短片《秘境》虚拟拍摄现场

资料来源：清华大学美术学院社会美育研究所

式创作了一幅三维绘画作品，并将这幅作品放置在虚拟美术馆中。我们将这个美术馆投放到 LED 屏幕上，现实空间里唯一设置的道具是一个真实的画框，利用跟踪技术，将摄影机中所看到的画框和三维绘画绑定到一起。当观众走到画框前，摄影机中呈现的是一幅和传统画作一样的平面作品。

观众被这幅作品所吸引，出了神，入了画，摄影机跟随观众的目光越过画框，在这一刻，我们跟着观众的"神"跨越了结界，进入了由三维绘画所表现的意象世界，镜头跟着观众沉浸在绘画里，欣赏作品独特的风格，研究作品的细节，甚至模仿艺术家创作时的表现手法，而当这种沉浸式的体验让观众的审美感受与作品意蕴到达同频共振的"心流"状态时，我们跟随观众，仿佛进入了一个妙不可言的桃源秘境。最后，镜头拉出画框，观众转身

短片《秘境》剧照

观众"出神入画"走入画中感受作品的视觉呈现效果
资料来源：清华大学美术学院社会美育研究所

离开，继续欣赏其他作品。而整个视觉呈现出的内容，在真实的时空里，仅仅是观众看画入迷而神游于画的"恍惚"之间。

第五章
虚拟肉身:分身与数字世界的互动

这部实验短片重点验证了两方面:一是真人走入绘画作品,人便成了"虚拟肉身";二是通过想象的画面对心理活动进行可视化表现的可能性。结合真实的美育教育场景,我们进一步制作了一部教师走入画中讲解超现实主义作品《记忆的永恒》的短片。

为了创造出一种沉浸式的欣赏体验,我们首先将二维平面的作品进行了三维的转换,将二维的透视关系转换为三维空间里的位置纵深关系,将平面的图层转换为具有体积感的三维图形。而这种转换带来的全新体验就是,我们可以真正地多角度欣赏一幅作品,并且真正地置身其中欣赏。

而在实践过程中,我们发现,基于美育教育场景的应用,首先面临的是艺术作品以及艺术家精神世界虚拟场景制作的问题。

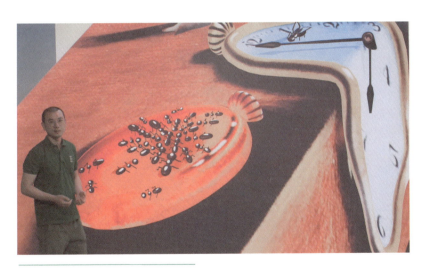

进入名画中"沉浸式"讲解艺术作品

资料来源:清华大学美术学院社会美育研究所

分身：元宇宙艺术的打开方式

假如，元宇宙中有一个全部艺术作品"数字分身"的仓库，那么现实世界中实体的艺术作品，比如雕塑、建筑、园林等，可以通过三维建模的形式，将作品的"数字分身"重建并上载于元宇宙的艺术仓库中，而平面的二维作品除了直接保存数字图像，可能需要复杂的三维再造，生成一个全新的三维"数字分身"，才是更符合元宇宙艺术形态的一种形式。

最终，在教室里，教师按下遥控器开关，就可以打开这个元宇宙艺术宝库的"任意门"。而借助 VR 设备，学生在课堂上，甚至在家里，就可以跟随教师参观卢浮宫的"数字分身"，或者出现在埃及金字塔搭建的"历史现场"……

第三节
最终幻象——元宇宙的观看之道

　　电影技术的发展历史都有一个最终指向，就是为了让影像的"视觉魔法"更好地"欺骗"观众，让观众信以为真地沉浸于视觉幻境，进而让故事走入观众内心深处，产生情感共鸣。而元宇宙作为"数字孪生"的真实世界或者想象的世界，"观看"毫无疑问是触达元宇宙的必要手段，而随着技术的不断发展，声音、触觉、味觉等更丰富的手段，可以让我们无限接近于像生活在真实世界一样遨游于虚拟世界。当我们从信息的互联网世界跨入图像的元宇宙世界，当我们的数字"分身"从"网名"跃升为"数字人"，当在元宇宙的"灵境"世界中，一个个被赋予个体人格的虚拟"灵魂"相互碰撞，我们触达"结界"内另一个世界的方式，也将从观看二维的图像，跃升到多维的沉浸式感受。曾经"眼见为实"的认知经验，或许将被"感受为实"的全新经验所取代。

只不过，当我们沉浸于越来越真实的虚拟世界，更进一步讲，当我们沉浸于一个完全受我们意识所操控、精神上可以绝对自由的幻境中时，我们是否还愿意转动那个《盗梦空间》中让我们分辨现实与梦境的陀螺？

第六章

无限分身:光、黑盒子与莫比乌斯空间

平行宇宙：德国数学家莫比乌斯（Augustus Ferdinand Mobius）在1858年创造了"莫比乌斯带"，莫比乌斯带的奇妙之处就是通过极为简单的方法，就可以获得一个无限循环的空间。将一个长纸条首尾相连，形成一个纸环，然后在连接处180度翻转纸条的其中任意一端，再与另一端完整相接，这样就可以形成莫比乌斯带了。

莫比乌斯带只有一个面、一条边，如果用剪刀沿着莫比乌斯带的中间线剪开，不会将莫比乌斯带剪断，而是会形成一个两倍长的更大的纸环。艺术家埃舍尔（Maurits Cornelis Escher）有一系列莫比乌斯带题材的作品，除了直接表现莫比乌斯带翻转的秘密，埃舍尔还创作了《骑士》这样的作品，骑士沿着曲面空间前行，但是在相交的地方向左走和向右走的骑士互为正负形，最后构建出一个骑士可以循环往复、不断前行的作品，形成了一个由无数的骑士组成的莫比乌斯空间。有限的骑士形象却构筑了无限的骑士游走的空间，埃舍尔静态的绘画作品在骑士的莫比乌斯空间中活了过来。莫比乌斯让有限的形象变成了无限的分身。

而在中国的文化符号里，太极图也是用静态的图像表现动态的阴阳关系，表达生生不息的哲学观、世界观。莫比乌斯带和太极图都是用有限表现无限，用静态表示动态，不过其背后的观念也略有不同。莫比乌斯带呈现的是一个无限重复的空间，而太极图呈现的是一个无限运动的空间；莫比乌斯带中的分身是正负形的关系，而太极图中的阴阳鱼是难分彼此的融合关系。

元宇宙艺术世界消解了时间与空间、主观与客观等二元性概念，元宇宙中以时间换空间，以主观换客观，元宇宙艺术的世界冥冥中与莫比乌斯带或太极图所构筑的无限空间极为相似。元宇宙中的自我无论变成多少分身，其主体精神并没有变。当自我进入元宇宙，就会在元宇宙中化作无数的分身，以分身筑自我，而这些分身最后共建了更加饱满、完整的自我。本章回到视觉艺术的原点——光，以人为莫比乌斯带的界面，连通外在的光与内在的光，在哲学、宗教、艺术、自然与自我中，找到"无限分身"的基点。

第一节
分身的绵延：神圣之光与自由之光

传统的艺术、美术馆是白盒子，新媒介尤其是元宇宙艺术则是黑盒子。从"白盒子时代"到"黑盒子时代"，基本可以概括新媒介、数字媒介为艺术带来的变化。不过光一直在艺术的发展进程中，乃至在文明的演化中，发挥着至关重要的作用。南朝的刘勰曾在《文心雕龙》中云："夫玄黄色杂，方圆体分，日月叠璧，以垂丽天之象；山川焕绮，以铺理地之形：此盖道之文也。"[1] 日月、星象是在电照明广泛应用之前的光的主要来源。在中国，从史前时代横贯东西方文明，人类一直都在趋近和崇拜着光。从新石器时代早期阴山岩画中的人面太阳神岩画、英国史前时代的斯通亨治巨石阵，到埃及的金字塔和太阳神阿顿，再到古希腊神话

---

[1] 刘勰.文心雕龙[M].杭州：浙江古籍出版社，2011.

中的太阳神阿波罗，都体现出人类对光和太阳神的推崇。古罗马时期的建筑万神殿达到了人类上古时代利用光的一个高峰，万神殿穹窿顶投下来的天光，利用自然光，增加了建筑空间的神圣感。万神殿中光成为叙事的主体，这种形式在哥特式风格的教堂中进一步发展，比如巴黎圣母院的彩色玻璃窗上的圣经故事与光融为一体，将教堂空间整体营造出一种瑰丽、神圣的氛围。

一、自然光与圣体

建筑和教堂多是直接利用自然光线，而在绘画中体现光则具有一定的难度。欧洲中世纪和文艺复兴早期表现光的绘画作品中最常见的题材是圣灵，以及耶稣和圣徒的头光，这个时期绘画中的光一般是用金色平涂，或者勾画出金色的线条，呈现方式比较直白、质朴。到了文艺复兴盛期，达·芬奇等为了凸显场景的真实性，在《最后的晚餐》等作品中用窗外的自然光线取代了圣灵和头光，通过透视法、构图和人物塑造等把作品主题刻画得深入人心。文艺复兴时期的艺术家把中世纪画面中符号化的光线和头光去掉了，以严谨的精神直接面对自然，寻求呈现光最本真的面貌。

文艺复兴开启的不仅是画面中对自然光线的运用，还开始用科学、客观的视角重新看待宗教圣迹和象征。在艺术史发展过程中，新一轮对于光的认知提升发生在19世纪。当时正值物理学发展的高峰，印象派的艺术家通过细致的观察，发现光在现实世界

第六章
无限分身：光、黑盒子与莫比乌斯空间

达·芬奇作品《最后的晚餐》

创作于 1495—1498 年，壁画，规格为 460cm×880cm，位于意大利圣玛利亚感恩教堂

里是多彩的，而不是白色的，尤其是阳光经过折射之后，光的色彩会变得更加丰富。从这个角度来看，印象派艺术家莫奈（Oscar Claude Monet）的《日出·印象》《干草堆》等作品中除了物体本身的颜色，还有光线折射后的五彩缤纷与细腻柔和，光不再是符号化的白色，而是各种色彩的交织。到了新印象主义时期，光的表现跟当时光学的发展有了更密切的联系。光学家当时发现我们看到的光其实是由独立的光子构成的，不是线，也不是色块。新印象主义画家西涅克（Paul Signac）就据此完成了《从德拉克洛瓦到新印象主义》，为修拉（Georges Seurat）等人用"点彩法"进

分身：元宇宙艺术的打开方式

行创作建构理论的合法性，这算是艺术与科学的一次深入互动，我们至今能够在修拉的《大碗岛的星期天下午》中看到艺术家掌握了新的光学秘密背后那种冷静的激情，画面中的光都似空气在呼吸，艺术家的笔触轻松却坚定。

艺术史的叙事中，万神殿是通过引入自然光线进入宗教的空间中，到了哥特式建筑的彩色玻璃窗，自然光线就与宗教圣像融合到一起了。在绘画方面，中世纪圣像画的头光是直接描绘出来的，以凸显其在宗教中的身份；文艺复兴时期，达·芬奇的《最后的晚餐》《岩间圣母》、米开朗基罗的《创世纪》、拉斐尔的《西

莫奈作品《日出·印象》

创作于1872年，布面油画，规格为48cm×63cm，巴黎玛摩丹美术馆藏

第六章
无限分身：光、黑盒子与莫比乌斯空间

莫奈作品《干草堆》

创作于 1890 年，布面油画，规格为 60cm×100cm，芝加哥艺术博物馆藏

修拉作品《大碗岛的星期天下午》

创作于 1884 年，布面油画，规格为 207.6cm×308cm，芝加哥艺术博物馆藏

斯廷圣母》等，开始将自然光线与人物形象相结合，彰显自然与宗教、主观与客观的融合；印象派时期，光学的发展让光和色彩焕发出新的生机，光之色彩的多元性将色彩从形体的束缚中解放出来，从莫奈的《睡莲》《持太阳伞的妇人》、毕沙罗的《拿树枝的女孩》中我们能够看到光和色彩在形体的边缘充满了活力，到了新印象派的修拉，我们能够在色点对光子的模仿中感受到形体和光线的呼吸，形体与色彩和光线达到了融合的新高度。不过客观的形体和色彩与主体之间产生深入互动，还是由后印象主义画家塞尚（Paul Cézanne）、高更（Paul Gauguin）与梵高来实现的。

二、自由人的艺术精神

塞尚、高更、梵高都在主客体的融合方面实现了突破，光和色彩在不同的层面与艺术家的主体性进行了结合，他者的身体和自画像在他们的笔下都具有了交织与绵延的意味。塞尚被称为"现代艺术的先驱"，在他的画面中艺术家观看的视点是游移的，能够通过不同的角度把握形体的特点和主观的投射。不管是在塞尚的静物画还是人物画中，形体随着视点的变化都产生了变形，形体随着视点的变化延展，单独看局部，塞尚的画还是符合焦点透视的规律的，但是通观整个画面，画面中的错位就比较明显了。我们在这里探讨的不是塞尚作品中透视的问题，而是塞尚是基于什么样的原则进行创作，才让我们并不对画面中的错位感到不适。换句话说，塞尚是如何在一个画面中实现了多个视域下

第六章
无限分身：光、黑盒子与莫比乌斯空间

类似于电影"蒙太奇"手法的平缓过渡？塞尚对于主体性的揭示就是非连续性画面的视觉绵延。如果说塞尚是在形体方面对主体性视觉机制进行突破，高更则是在终极问题的追问中回到了身体的原生性，梵高则是在情感表现的层面上统一了主观与客观的色彩。高更的作品《我们从哪里来？我们是什么？我们到哪里去？》通过绘画探讨人类的终极问题，这些问题是现代文明在对宗教和神话反思之后，对自身真切的追问。高更运用南太平洋塔西提小岛上原始人的裸露又真实的身体去探索这个世界，他的画中几乎看不到光源，但是每个黑线勾勒的身体的昏黄色调中都暗含了光。在色彩的运用上，或者说对光的表现上，梵高与高更几乎是相反的。梵高的作品几乎都是用纯色直接进行创作，急促的短线条似乎把修拉的色点拉长了。修拉用色点表现的是光子，梵高则是用纯色的短线呈现了光晕，不管是《星夜》，还是《阿尔的小屋》，哪怕是色调灰暗的《吃土豆的人》，我们都能看到光在梵高的笔触中耀动，这种饱含热情的笔触，统一了主观的色彩与客观的光线。

从塞尚到立体主义，从高更到野兽主义，从梵高到表现主义，艺术的现代之路肇始于印象派、新印象主义对光的重新理解和运用，却在不同的路径中都将光与色彩、视点与形体、主观与客观融合在了一起，这背后的逻辑是主体性的视觉机制，或者说主体性的绵延。康定斯基（Wassily Kandinsky）等人将表现主义引入了纯粹抽象的领域，光退居幕后，音乐与绘画的联动成为一时风尚。不过，正是在纯粹抽象的领域，在康定斯基的《艺术的精神》

中，艺术的主体精神才趋于完备，"自由的人通过与一切事物的接触来丰富自己，并让任何存在物的生命与自己发生联系——即使它仅仅是一根熄灭了的火柴。"①康定斯基用熄灭的火柴来比喻人与物自由连接的世界，光看上去消失了，而主体的艺术精神则被点燃了。

---

① 康定斯基.艺术中的精神［M］.余敏玲，译.重庆：重庆大学出版社，2011.另，康定斯基论述了主体与艺术之间的关系："我们和艺术品之间，有如隔了一堵透明却坚固的玻璃壁，难以直接沟通，但我们依然可以接收艺术的信息，调动我们所有的官能去体验艺术品鲜活的生命力。在几何学里，点是无形的，被定义为非物质的存在。如果用名物词来界定，点就是零。但是零之中又蕴藏着许多'人化'的特质。"详见《艺术中的精神》第9页。

第二节
黑盒子：感知界面的无限生成

19世纪后半叶至20世纪上半叶，艺术形式逻辑获得了巨大发展，从野兽派、立体主义、未来主义、超现实主义等，到后来的达达主义、抽象表现主义和波普艺术，阿瑟·丹托基于波普艺术对现成物的挪用，宣告了艺术形式主义的终结。当然，我们也可以从另外一个角度来理解艺术史的终结，或者说形式主义语境下艺术史的终结，光和视觉秩序隐退到画面的背后，主体精神通过更为简单直接的形式来呈现真实，在这种情况下，形式的选择就摆脱了原有的发展规律，形式主义背后的逻辑被瓦解了，进入一种形式与主体精神自由组合的状态。

分身：元宇宙艺术的打开方式

一、白盒子的终结

丹托说："很显然，我和格林伯格都把自我限定视为现代主义艺术历史真实的核心。但是他的叙事在各方面都与我不同。他把自我限定看作是纯粹性，因而也把现代主义历史看作绘画追求最纯粹可能状态的过程：人们可能称之为一种样式清洗，这个过程很容易被政治化为美学上的塞尔维亚主义。但是我的观点是完全反纯粹主义的。我认为艺术终结于其本体的哲学化自我意识中——但不需要任何规则来生产哲学上的纯粹艺术作品。"[1]他在《艺术终结之后的艺术》和《寻常物的嬗变》中一方面把艺术引向社会政治和观念领域，另一方面则把艺术拓展到以寻常物为载体。

安迪·沃霍尔的《布里洛盒子》可以说是象征了"白盒子"似的传统艺术的终结，也预示了"黑盒子"时代的到来。丹托认为，"《布里洛盒子》是以一种哲学的方式提出了'艺术本质'的问题。然而，作为艺术的盒子和不是艺术的盒子之间的差异，却不是眼睛所可以发现的，而只能通过'非显明性'的特质才能得以确认。"[2]其实，丹托在其理论框架中也预言了艺术媒介的拓展和"黑盒子"时代的到来。"将要取代架上绘画的艺术——照片拼贴、书籍护封、壁画、罩单，或当代的表演、大地艺术、装置、视像——则得到了促进，因为它们向架上绘画的内在体制提出了

---

[1] 阿瑟·丹托．艺术终结后的艺术［J］．王春辰，译．世界美术，2004（4）：74-79.
[2] 刘悦笛．艺术终结论的新拓展——评丹托的《艺术终结之后》与《美的滥用》［J］．外国美学，2009.

第六章
无限分身：光、黑盒子与莫比乌斯空间

挑战。……很显然，'艺术的死亡'可以解释为美的艺术的死亡，这是一种政治宣言。"[1]这种宣言不是一蹴而就的，而是有一个系统性的发展过程。

丹托对安迪·沃霍尔的《布里洛盒子》的讨论和他对于杜尚（Marcel Duchamp）的《泉》的论述是一致的，外观相同的寻常物与艺术作品之间的区别是，这件作品是否处在"艺术世界"的语境中。什么是"艺术世界"？"'艺术世界'（Artworld），是由一系列解释系统、范例以及作品之间的互文关系构成的（按照丹托的理解，最核心的部分是创作的理据和艺术史的脉络）。"[2]作为后现代艺术的先行者，杜尚其实一直有相关的作品关注光和主体的问题，当然，在杜尚的艺术世界中，他对主体的论述是逆向的，"真正的达达是甚至连达达本身也该反对的。这其实正是杜尚采取的立场。对杜尚来说，真正的自由是无可赋形而不附着于任何名称的。"[3]主体的自由在杜尚看来是绵延的状态。从杜尚晚年的作品《给予：1.瀑布，2.照明的煤气灯》中我们能看到"黑盒子"艺术的雏形，主体与作品交互的方式是凝视或窥视，虽然观者被拒之门外，但是作品对人的冲击力与目前很多沉浸式的艺术场景相比毫不逊色。《给予：1.瀑布，2.照明的煤气灯》创作的时间横跨20年，从1946年至1966年，是杜尚在纽约格林尼治的工作室

---

[1] 阿瑟·丹托.艺术终结后的艺术[J].王春辰,译.世界美术,2004（4）:74-79.

[2] 陈岸瑛.艺术世界是社会关系还是逻辑关系的总和？——重审丹托与迪基的艺术体制论之争[J].南京社会科学,2019（10）:136-141,156.

[3] 皮埃尔·卡巴纳.杜尚访谈录[M].王瑞芸,译.桂林:广西师范大学出版社,2001.

完成的最后一件作品。在他去世后，这件作品按照杜尚的遗愿于1969年在费城美术馆展出，展览期间每次仅允许一个人观看，人们只可以透过窄小的木门门缝窥见作品的内景：作品的中心是一位瘫倒在枯枝上的裸女，裸女的身体是用仿真材料完成的，其姿态放纵而又诡异，裸女手里举着的煤油灯和远处背景中的瀑布都让作品充满了怪诞气氛。煤油灯的光和裸女的身体在亦幻亦真的场景中交融，门缝背后的黑盒子空间营造出艺术的新的可能。

二、黑盒子里的光与色彩

元宇宙艺术的"黑盒子"与安迪·沃霍尔的《布里洛盒子》和杜尚的《给予：1. 瀑布，2. 照明的煤气灯》的关系是怎样的？元宇宙艺术的黑盒子往往具有沉浸式体验的特点，这是一般的传统媒介不具备的。一方面，元宇宙艺术的黑盒子开启了形式主义美的新维度；另一方面，它在沉浸式的体验方面运用了综合媒介。杜尚和安迪·沃霍尔的作品是反形式美的，丹托等哲学家的助推否定了单纯的形式美，而是将艺术引入社会政治的层面。否定了形式美，是否意味着形式美就终结了？《布里洛盒子》是对现成物的直接挪用，作品本身跟形式美没有关系，不过通过这件作品对"艺术世界"的思考，《布里洛盒子》成为打开新艺术世界的基点，作品本身的空洞与作品对整个艺术世界的触动形成鲜明的对比。丹托从艺术世界的角度重新定义《布里洛盒子》，完成的是《布里洛盒子》从空洞到"虚空"的转化过程。这里的虚空既不是客观意义上的空洞,也不是中国传统美学中的"虚空",而是指真实的缺场,意义的缺失。意义只能从主体自身寻找,从内在进行发掘,这里可以重新回到康德的传统,从物自体到内化创造的展开过程,或许丹托对美过于悲观,我们惊奇地发现,在元宇宙艺术中,美并没有死亡,而是在虚空中重获新生。

美的死亡或新生其实是一个古老的问题,"现代艺术之父"塞尚就曾在光的反射中重新思考艺术的方向。"在某些情况下取消确切的轮廓线,赋予色彩以高于线条的优先权,上述这些在塞尚和印象主义那里,显然不具有同样的意义。物体不再被反射的光覆盖,不再自失于与空气、与其他物体的关系中,如同从内部隐约被照亮,光亮就来自它,由此带来一种坚实性和物质性的印象。……因此应该说,他希望返回无题,同时不抛弃以自然为模型的印象主义美学。"[①]光亮来自内部,来自物自体,正是现代艺术重要的一种观念,我们在表现主义的作品中尤其能感受到源于内在的光的力量。

元宇宙艺术的黑盒子拓展了形式美的维度,开拓了内在的光源,这进一步引发了关于沉浸式体验的问题。沉浸式艺术本身并不是元宇宙艺术的发明,在传统的建筑中,尤其是传统的宗教建筑中,往往都有沉浸式的体验。比如上文提到的引入自然光线的万神殿,以及彩色玻璃窗装点的教堂,当圣歌或赞美诗响起,这种沉浸式的体验尤其能让人产生共鸣。在现代艺术的范畴中,从

---

① 梅洛-庞蒂.意义与无意义[M].张颖,译.北京:商务出版社,2018.

表现主义到抽象绘画,艺术家更加关注主体性内在的光,主观与客观的融合也让观者能够在某种程度上进入作品构筑的情感空间。比较有意思的是,马克·罗斯科(Mark Rothko)完全进入抽象领域的"色域绘画",作品中矩形色块的边缘非常柔和,色彩也非常明亮,像是微微发着光的状态,罗斯科说:"我的色彩是一种经验性的色彩,它和某天的光线有关,和整个人的精神状态有关。抑或说,我的色彩不是实验室里的工具,它没有隔绝于偶然和杂质,也并不拥有某种被指定的身份和纯度。当我说我的绘画是西方的时候,我的意思是,它们寻求一种无状态的具体化:绘画不受西方理性的限制,呈现一种非隐秘深奥的、超感官的、由祈祷或恐惧达到的神圣性。"[1]罗斯科的作品,在某种程度上印证了将主体内在的光呈现在画布上的创作方式。更有意味的是,罗斯科在美国得克萨斯州休斯敦设计建造了一个小教堂,被人们称为罗斯科教堂,罗斯科将自己的绘画作品和建筑结合,完成了一件综合性的艺术场景,罗斯科教堂可以说是非常完整的沉浸式体验的艺术作品。罗斯科教堂虽然没有借助综合媒介,但是在八角形的建筑空间中,罗斯科结合了自己的巨幅画作,为观者提供了具有哲思和诗意的空间。教堂中的作品抛却了罗斯科早年作品明快的色彩,画面基本上采用黑色,这个从内向外的"黑盒子",象征着直击内心的静穆与神秘,上方的天光透射到作品上,作品的黑盒子与自然实现了交融,黑色的画似乎也可以发光。

---

[1] 马克·罗斯科. 艺术何为:马克·罗斯科的艺术随笔(1934—1969)[M]. 艾蕾尔,译. 北京:北京大学出版社,2016.

罗斯科的作品和墙壁结合到一起的时候，作品就不仅是作品，还是还原为"物"本身，作品的体量构成物的存在，物自体的光即是存在的证明。元宇宙艺术的价值打通了内在与外在、存在与知觉，通过视觉化的方式，让内在感知外化为作品构筑的场景。塞尚是以自然为模型，杜尚挪用了现成物，罗斯科把作品还原为了物，他们都仍是以自然物和现成物为参照，而元宇宙艺术则是以"模态"为逻辑基础。"在感觉编码倾向中，视觉真理是基于效应，基于视像所创造的快感和恶感的效果，它是通过一种被放大到自然主义基点这样的表达程度来实现的，所以，对比度、色彩、深度、光的嬉戏和明暗，等等，从自然主义编码倾向看，都是'比真实还真的'。"[1]元宇宙艺术抓住的是感觉上的真实，或者说内在的真实，因此，色彩、明暗、光线的营造能够在人感觉的逻辑中做到平滑的过度，也可以说在感觉的逻辑中实现了电影蒙太奇的效果，视觉的物象得以绵延。而在元宇宙艺术中，视觉的物象都是由光创造的，光成为叙事的主角。

---

[1] 许江，吴美纯.非线性叙事：新媒体艺术与媒体文化[M].杭州：中国美术学院出版社，2003.

第三节
元宇宙艺术：莫比乌斯空间的无限可能

人死后可以重生吗？在现代科学的视野下，这个问题似乎是幼稚的，不过元宇宙为我们提供了一种新的视角。捷克 VR 公司 Somnium Space 近期公布将推出"永生模式"，意图让逝去的亲人在元宇宙里"重生"。据说"永生模式"的推出，与 Somnium Space 的创始人阿图尔·瑟乔夫（Artur Sychov）怀念去世的父亲有关，Somnium 有"梦"的意思，元宇宙是新的梦想之地（Dream Land）。

元宇宙的概念描述了很多技术的终点，人工智能、区块链、大数据等技术在元宇宙的构建过程中，逐步丰富了情感连接和人文关怀。比如中国大连金石滩有一家仿真机器人工厂，致力于利用人工智能技术"复活"去世的亲人，让"去世的亲人用科技的方式重现"；韩国的 VR 科技公司曾为失孤的母亲还原了数字化的女儿,在 VR 的数字世界里,母女二人完成了最后的告别;英国机器人科学家彼得·斯科特-摩根(Peter Scott-Morgan)为了对抗"渐冻人"的命运,将萎缩的器官全部替换成了机械装置,并创造出了外挂大脑和数字孪生的自我形象彼得 2.0,成为人类史上第一个赛博格……不同于以往的技术革命,元宇宙聚焦的不仅是数据、算法、算力,还有构建万物互联的情感与价值观。元宇宙是一个宏大的概念,哲学、科学、艺术、伦理、教育等相关问题都将在元宇宙重建,元宇宙一开始就是超越单一学科的,未来跨学科研究成果会在元宇宙得到越来越广泛的应用。

艺术在元宇宙中扮演什么角色?元宇宙艺术馆提供了用艺术的方式打开元宇宙的一种可能。元宇宙在某种程度上是数字化的感知系统,艺术在元宇宙中可以充分发挥感性能力,复活、永生、分身等现实世界不可能实现的事情,在元宇宙中都可以实现。而且,元宇宙艺术馆可以摆脱物理世界的束缚,它与现实场馆之间存在很大的差异,大到重力、尺度、维度,小到色彩、质感、明暗。元宇宙与现实世界形成了一个莫比乌斯空间,人作为夹在中间的感知媒介,在元宇宙与现实世界的切换过程中将生成无限的新可能。

一、人生的元宇宙艺术

"人生如逆旅,我亦是行人。"人生在元宇宙中有了新的诠释。有一位资深的数字资产前辈曾对笔者说:"人生每一天都是 1

枚NFT，总发行量不过3万枚，每枚不重样、天天自销毁，所以，生命才如此难能可贵。人生之意义，就是在NFT里填满"资产"，在销毁殆尽的那一刻，闭目自叹：值了！""人生NFT"的比喻有点像玩笑，不过NFT作为"非同质化代币"，确实与不可逆的人生有着颇多相似之处，Somnium Space的"永生模式"、中国大连的人工智能技术"复活"去世亲人等，都是基于这样的逻辑将人生设计成了元宇宙中的作品。

"永生模式"是基于真实人的数据建构起来的仿生虚拟人，因此又被称为"二重身"，或者是真实人类的数字孪生。美国学者玛蒂娜·罗斯布拉特（Martine Rothblatt）一直构想通过思维克隆技术实现人类永生，她在《虚拟人》一书中进行了全方位的构建："人类正在使用一些来自大批不同领域的最聪明的头脑，帮助软件获得'思想'；并在探索如何在一个平台上数字化人们的思想，让这个平台'活起来'，或者说变得有意识。"如果玛蒂娜构想的思维克隆人（Mindclone）能够实现，就会陷入那个经典的"忒修斯之船"的问题，玛蒂娜发出这样的疑问：谁才是你真正的朋友？一个数字化的"我"，还是一个有血有肉的"我"？

数字化思维克隆人离不开社交数据。加拿大作家迈克尔·翁达杰（Michael Ondaatje）认为社交软件"它复制了你的认知，从不同的你的角度进行描述"。比尔·盖茨（Bill Gates）在《未来之路》中谈到"备份生命"，他说："我认为'备份生命'这一想法令人不寒而栗，但是有些人却喜欢这个想法。举个例子，如果有人指控你，有备份生命的你就可以很好地做出反击。你可以这么

第六章
无限分身：光、黑盒子与莫比乌斯空间

反驳：'嘿，伙计，我有备份生命……我可以回放自己说过的所有话。所以，不要跟我耍心眼。'"思维克隆人具有人类的意识，不过其建构过程离不开人工智能、区块链、大数据、云计算、物联网等技术的支持。思维克隆人在思想意识方面虽然可以模仿人类，但是其产生的过程与人类的自然生长有本质的区别，思维克隆人依托的是思维文件（Mindfile）和思维软件（Mindware）。目前，思维克隆人在技术方面主要应用的是语义识别、情感识别等，限于目前科学技术发展的水平，人们在短时间内无法创造出具有主体人格的思维克隆人，前文中提到的"永生模式"的基本做法是"复制人类思维文件中的固有意识，仅是一个人身份的数字二重身和数字延伸"。

数字二重身的底层问题是"万物皆数"，人生的经历是可以数据化的，那么人的主体人格呢？英国数学家艾伦·麦席森·图灵（Alan Mathison Turing）被称为人工智能之父，他讨论过人、大象与机器的灵魂问题："必须承认有些事情上帝无法做到，比如让一等于二。但是，为什么我们不相信，如果上帝认为合适，他也有给予一头大象灵魂的自由？也许我们会觉得，他会以突变的方式让大象的大脑得到提升，来辅助灵魂的需求。完全相似的论点也适用于机器。"图灵是通过上帝视角推论出灵魂也是可以数据化的，不过灵魂、主体人格，或者说自我意识，是虚拟人不得不跨越的进化奇点，目前具有灵魂的机器或虚拟人仅在科幻作品中出现。

在科学技术的盲区，艺术能做什么？"永生模式"的开启，

不仅是技术的问题，同样是人文、艺术需要面对的问题。在人工智能的发展过程中，算法和算力逐步提升，尤其是随着模仿人类思维习惯的卷积神经网络技术的推行，"永生模式"或许终有实现的一天，不过这里讲的还是数字世界。"永生模式"确实是数据入口的开启，从某种程度上来说，这是开启了以人为核心的元宇宙艺术。如何才能让虚拟人的数据来源可靠？回到"人生NFT"的设想，或许我们正在无意识地做类似的事情，我们在通过社交软件实时上载与自我相关的数据。甚至在后人类学的视野里，有了"上载主义"的说法。完整的虚拟人数据似乎也不是没有可能，尤其是在初为人父母的家庭中，家长很热衷于将孩子的数据通过数字化媒介保留下来，这种记录人生成长轨迹的天性，如果借助"永生模式"的思维软件，未来将迎来虚拟人大爆发或未可知。

二、以人为界面的莫比乌斯空间

未来的艺术场景是什么样的？艺术与科学融合后又是怎样的图景？元宇宙艺术是不是有自己的艺术史逻辑？我们在元宇宙艺术中看到了一种艺术与科学、理性与感知、体验与身体融合的趋势。

艺术正在以前所未有的方式进入我们的生活，反过来说也成立，我们也正在以前所未有的方式进入艺术。元宇宙艺术目前处在一种开放的状态，声、光、电、味、水、火、影、身体……轮番出场，其展示空间不同于传统美术馆、画廊的"白盒子"，而是通过场景建构成"黑盒子"。在黑盒子中,光是视觉叙事的主线,新媒介模糊了作品与人的界限,光在游走,身体在"绵延"。与白盒子相比,黑盒子其实不仅是元宇宙艺术场景风格的概括,还代表了艺术史发展脉络中新的奇点与可能。黑盒子是创造性的元空间,却又试图超越时间和空间,如果说白盒子中作品的光是自然的光或者聚焦的光,那么黑盒子中的光就是作品本身,是存在与他者的交织,是知觉与身体的绵延。各类新媒介的出现为艺术提供了多种可能性,艺术不仅是视觉性的,而且可以包含声、光、电;不仅是时间性的,而且可以随机生长;不仅场景宏大,而且可以折射无限宇宙……浸入式艺术场景是比较典型的"黑盒子",我们在当下进入艺术空间跟以往进入建筑空间有明显的区别,在黑盒子中我们不仅是观众,而且是感知的主体,是触发作品成立的"灵媒",是身体与作品的融合,还是内感官与外感官互动……

　　黑盒子是元宇宙艺术创造的空间,在某种意义上来说,黑盒子的"空"呈现出创造的无限可能性,而黑盒子本身就是"模态"。从范洛文(Th. van leeuwen)的视角来看,元宇宙艺术考量的一个重要标准是"模态"的"真值程度","语言中的模态资源不光允许我们将不同的真值程度赋予一种再现,还允许我们选择不同种类的真值。"① 黑盒子在不同种类的新媒介应用方面获得了空前的释放,使得视、听、触、嗅等感官领域的真值程度提升,引

---

① 许江,吴美纯. 非线性叙事:新媒体艺术与媒体文化[M]. 杭州:中国美术学院出版社,2003.

导我们进入一个新的空间。

在高度图像化的时代，新技术导致了人类自我图像的无限生成，却让我们在自我图像中迷失。自我图像的跨媒介扩展，一方面体现出图像生产中"人"的放大，另一方面体现出图像正转化为数据。人不仅持续地美化自我，也在不断地上载自我。

在数字世界与现实世界的穿梭中，人自身的感知系统成为两个世界的界面，而这两个世界通过人的感知界面，形成能够顺畅衔接却永不相交的空间，这种整体的结构就像一个莫比乌斯空间。罗兰·巴特（Roland Barthes）所说的微型死亡或许有些言重了，但是我们在数字世界和现实世界的切换中也能感受到主客体交错的体验，这种体验是莫比乌斯带的正反面，无论沿着哪个方向延展，最后都会在主体感觉的逻辑中相遇。艺术家埃舍尔的作品《相遇》恰巧反映了这样一种感受，视觉悖论的空间能够连通感觉的逻辑，使得以人为界面的两个世界得以交融。

莫比乌斯空间在现实世界是很难实现的，但是在元宇宙中没有重力等物理法则的限制，完全可以实现莫比乌斯这种矛盾空间。从这个角度来看，元宇宙本身与艺术的关联是极为紧密的。只不过在元宇宙中，做艺术作品的人不一定是传统意义上的艺术家，有可能是算法工程师、空间建模师、游戏开发者等。"太一元宇宙艺术馆"立足于区块链和孪生城市等技术，将唐代长安城、北京天坛等搬进了元宇宙，其中有可以飞的锦鲤，有翱翔于城市中的俯瞰视角，现实中早已湮灭的花萼相辉楼、天坛中不可能存在的露天电影，统统在元宇宙中实现了，而且元宇宙艺术馆在北京

第六章
无限分身：光、黑盒子与莫比乌斯空间

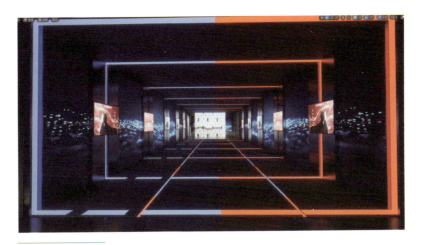

太一元宇宙艺术馆

资料来源：https://mp.weixin.qq.com/s/LAI_0MENpNaV2g8hZYbMxA

灵境天坛中的烟花

资料来源：https://www.tiantan-lj.cn

1+1艺术中心即将落地实体空间,在打通现实与元宇宙方面又往前迈了一步。

三、元宇宙艺术馆何以生成无限

目前,已经有创作者利用数学公式、基本的音乐旋律和简单的几何图形,在元宇宙中无限生成动态作品,元宇宙空间也可以说是算法的世界。如果元宇宙艺术中光是主角,观者又处在什么样的位置?每个元宇宙艺术的黑盒子都可以让观者浸入式地体验,而这种体验是具身性的,从现实层面来看,元宇宙艺术为观者实现"具身的虚拟性"[①]提供了可能。感觉上的真实成为主体在元宇宙艺术黑盒子中自我绵延的基础,为什么我们能够在新媒介的具身性体验中延展自我的真实感知?"我们对摄影图像真实性的判断取决于摄影图像的外观和解释它的准则。当这些准则发生变化时,可能会有不同的判断。在动画片中,暴力画面的重要性相对较小(因为动画片'不太真实'),现在呈现的是照片图形的真实感,这让一些人感到震惊,而另一些人已经学会调整他们对情态线索的阅读。"[②]元宇宙艺术的黑盒子中,观者的感知随着光游走,光塑造了具身的虚拟性,或者说观者的具体体验随着光在黑盒子

---

① 尼古拉斯·盖恩,戴维·比尔. 新媒介:关键概念[M]. 刘君,周竞男,译. 上海:复旦大学出版社,2015.

② Theo Van Leeuwen. *What is authenticity*? Discourse Studies, Vol. 3, No. 4, SPECIAL ISSUE: Authenticity in media discourse (November 2001), pp. 392-397.

中绵延。有一些对新媒介比较敏锐的艺术家抓住了光的主题,比如《Light Box / 光匣》[1]围绕"什么是光?"表达了关于光的感知与探索,将无限的时间、空间维度寓于一个有限的匣子中,它是一个宇宙中的一粒尘埃,在光里穿梭浮游,叩问光的来路与归处。teamLab 的作品《花与人的森林:迷失、沉浸与重生》通过光的艺术展现了一整年的花朵。花朵永远重复着从诞生到死亡的过程。若观众伫立不动,他们周围的花朵就会长得比平时更多,且持续绽放。观众若是触摸或踩踏到花朵,花朵就会同时凋谢死去。花朵受到观赏者行为举止的影响,持续发生变化。每一朵花都是独一无二的,整个作品不单单加入了时间,更渗透了观者的感知。张方禹和韩承烨的《白霭林_Void Jungle》[2]中被声音驱动的光束演变成各种几何的光结构,仿佛置身于茫茫山林,迎面而来的光束仿佛是清晨萦绕眼前的雾气,伴随着电子音乐节奏的撞击声,为观者营造出一种凛冽却又充满情绪张力的异度空间。

元宇宙艺术不断用视觉化的场景追问存在、知觉和世界的本质,从宏观到微观,再放大到宏观,在维度的不断切换中,光的

---

[1] 光匣是一个 12m×6m×6m 的光影与声音沉浸式空间装置。以垂幕和光影制造的光匣,使观众置身于宏大的光空间,遥望与追寻远方的光点,可以从不同角度欣赏和体验作品的无限和迷人的光线,随着时间的流逝、节奏的变化、视角的移动,感受由生成艺术、粒子系统、几何等计算机编程图形带来的惊艳时刻与震撼体验。

[2] 《白霭林_Void Jungle》是发生在沉浸式灯光装置里的数字音像表演。由外向内探视,你看见光,听见电子声响,理解了两者交互形成的图像和结构几何。你写下冲天而起的光束像是置身虚拟的原林,阅读了闪烁频仍的黑白光影在袅袅雾霭之间。

叙事照见元宇宙艺术时代的真实。《原子黑洞 ORIENS》①是曹雨西工作室于 2017 年完成的大型声音影像装置，艺术不再单单只是艺术，更是对未来无限的探索和延伸。日本艺术家东崎真本（Makoto Tojiki）则通过黑盒子完整地呈现光雕塑作品，他的《没有影子的男人》②主要是利用光与影的微妙关系，东崎真本像表演牵线木偶一般让自己的影子变得精致神秘，光成了他作品中的唯一叙事。

东崎真本在自己的作品中已经通过光雕塑，让自己的影子变成感光的身体。然而这种晶格化、碎片化的身体是后现代的，③"你的身体不是它自己。而且，我的也不是。它正处在医药、运动、营养、减脂、卡路里计算这些后现代控制论力量的围攻之下。"④人们在现代战争中意识到，身体是渺小而脆弱的，元宇宙艺术则是通过光重建身体。在信息时代，"无器官身体"已经出现，元宇宙艺术催生超越个体身体界限的新型交流方式。身体的重建是在危机下展开的，"身体的真正危机不仅是在艺术再现及其对其的理解上，也蕴含在它的实质之中，而这种危机将推动一种至今

---

① 《原子黑洞 ORIENS》利用了美术馆巨大的 30m×14m×14m 的展出空间，展示了一个巨大的、对称的原子黑洞空间，同时伴随着视觉变化的音效大量地充斥并反弹于沉浸空间，将观众带入一个超越感官极限的新维度空间。
② 东崎真本最初一直在钻研如何有机组合影子，后来他开始用上千根 LED 灯管制造无比精致的 3D 影子。观众沿着这个作品的外围参观，可以从各个角度和距离欣赏。
③ 在碎片化、浪漫化的身体表现层面，比较具有代表性的例子是俄罗斯艺术家 Slava Thisset 探索用氖气灯审美进行人体绘画。
④ 尼古拉斯·米尔佐夫.身体图景：艺术、现代性与理想形体［M］.萧易，译.重庆：重庆大学出版社，2018.

为止只存在于想象之中的再现方式的转型。"① 重建的过程，即是新媒介艺术对这种想象的"模态"式再现。在卡尔·西蒙（Karl Simmon）的《进化虚拟生物》中，"生物及其环境不是作为现成的事实复制于自然，不是画出生物再串接为动画，而是采用遗传算法以及行为动画技术，由简单到复杂逐步演化而来……"② 身体的重建，是基于一种新媒介的生成美学。

新媒介重建的感光身体是可以无限生成的，能够打破维度的概念，"创造即永恒"。无限生成即"自我绵延"，是自我、意识、生命等现象的存在即变化发展的特性，这些事物的变化发展是连续的不可分割的过程，在这个过程中后面的状态包含前面的状态。③"在绵延中过去和现在变为"同一"，而且继续与现在一起创造……崭新的事物。"④

元宇宙不是创造了一种空间，而是打开了光的叙事与身体绵延的多重宇宙。

---

① 尼古拉斯·米尔佐夫. 身体图景：艺术、现代性与理想形体［M］. 萧易，译. 重庆：重庆大学出版社，2018.
② 许江，吴美纯. 非线性叙事：新媒体艺术与媒体文化［M］. 杭州：中国美术学院出版社，2003.
③ 王晋生. 伯格森绵延概念探讨［N］. 山东大学学报（哲学社会科学版），2003（6）.
④ 陈启伟. 现代西方哲学论著选读［M］. 北京：北京大学出版社，1992.

附录一

元宇宙中的"分身":哲学、科学与伦理起源

一、元宇宙之"元":真理尺度在演化

(一)元宇宙的两种"元"

元宇宙的概念仅仅指向一种不一样的宇宙吗?事实恐怕远非如此简单。

在我们的通俗理解中,元宇宙指的是一种平行于现实的虚拟网络世界,或者说虚拟现实的世界,经常被用作想象参照的便是《头号玩家》中的"绿洲"与《黑客帝国》中的虚拟程序"Matrix"——这当然是根据人类现有的技术水平所做的合理的经验归纳。然而,如果仅仅是这样的话,不如直接将它称作虚拟宇宙或高仿真宇宙,相较而言,为何如今人们都更认同元宇宙这个概念更能反映出这个集合了信息时代的诸多前沿科技、正在建造

中的"东西"的本质呢?很显然,这个概念的真实禀赋一定跟如今人们潜在的心智本性及其演化趋势结合在了一起。那么,元宇宙的真实禀赋究竟指向了什么人性秘密呢?问题的关键就在元宇宙的"元"上,因为一旦我们使用了"元"作为一个宇宙的打开方式,这就必定会促使我们的心灵自发地追问并迫切地希望领会这个宇宙的更大本质是什么样的。于是,当我们说出元宇宙的时候,实际上心智就自发地展开了这样的探索与追问了,追问的不仅是我们当下所处的这个物质宇宙的更大本质,还追问元宇宙得以建构与实现所依赖的科学与技术的更大本质,就好像我们将要掌握一把神奇的"真理大刀"一样,只要挥动这把神奇的"真理大刀",我们就能够把宇宙一分为二,一个叫作现实宇宙,另一个叫作元宇宙。为何如此呢?对此我们还是要回到"元"这个概念的基本内涵上来。

对于元宇宙之"元"的理解,西方与东方有所不同,西方文化语境中的元宇宙,即 Metaverse,其中的词根"Meta"对应的即是"元",然而西方文化语境中的"Meta"跟东方语境中的"元"并不具有同样的意涵。虽然它们拥有意义上的重叠区域,但是在元宇宙这里却是很大程度上"分道扬镳"了。从词源上来说,西方的"Meta"指的是"……之后"或"(超出)……之上"的含义,比如 metaphisics(形而上学)指的便是超越感性之"形"世界之上的超验之学,在西方传统思想中,"Meta"将强烈指向一个与自身"同一"的抽象本原,也就是说,西方的元宇宙总要找到一个抽象原型或理想摹本之"存在",形而上学所在的理念世界与基督教的"彼岸"便是这种思想的典型代表。然而，东方则不同，在中国文化中，"元"虽然也有初始与基本的含义，但是却并不需要最终追溯至一个与自身同一的抽象"本原"，而是成为其源始的创造行动本身，例如易经中"大哉乾元"中的"元"必定是一种周易之元，而非一种不动而固定的"存在"。

那么，西方的"元"与东方的"元"，哪一个更符合元宇宙的内在禀赋呢？就信息时代的演化趋势而言，东方的"元"在很大程度上更符合元宇宙的新时代精神，用著名技术哲学家凯文·凯利的话来说，即去中心化与自组织行动的"失控"精神，我们将在后文进一步讨论其原因。不过，无论是西方的"Meta"还是东方的"元"，它们在元宇宙这里却是共同指向了各自含义中最源头的部分——元，即最源始的"不变性"之领会，也是最源始的心灵或真理尺度之领会；因此，前文所说的能够将宇宙"一分为二"的那把神奇的"真理大刀"，实际上指的便是真理的尺度，如果没有对某种尺度的先行领会，我们将任何东西切分开来都是没有意义的，因为我们并不知道为何要这样"分"，且分开之后的各部分意义究竟是什么。而真理的尺度，也便是世界或心灵的打开方式；于是，在这样的视域中，元宇宙便不是一种一般的宇宙，而是能够让人去体验并领会某种更大的真理尺度的宇宙，抑或是代表原本就是经由这种更大尺度的心灵打开方式而建构的世界。

实际上，我们在这个时期使用的"元宇宙"一词的起源，被学者和媒体一致追溯至美国作家尼尔·斯蒂芬森在 20 世纪创作的著名科幻小说《雪崩》。《雪崩》中描绘了一个由大型企业和犯罪组织主导的赛博朋克式"反乌托邦"未来,在其中,人们创造了一个高逼真的虚拟网络世界——超元域,这个词又被衍生为元宇宙。看到这里,我们似乎觉得这个设定也没什么了不起,因为比它更早的另一部由计算机科学教授弗诺·文奇(Vernor Steffen Vinge)创作的科幻小说《真名实姓》中就已经提出了基于脑机接口的虚拟世界的概念;但是,很少有人发现,《雪崩》中的元宇宙事实上叙述了更深的思想线索,因为小说中除了描绘超元域这个虚拟世界背景之外,更重要的是,作者在大量篇幅中结合哲学、语言学、神话学、人类学的跨学科知识阐述了一种叫作"谟"的"元信息"。这种揭示心灵更深层结构,从而能直接控制身体行动去施展其本质的超级信息——"谟"的存在,不仅让整个《雪崩》中的元宇宙叙事情节真正完整起来,更让这部科幻作品所描绘的元宇宙超越了纯粹虚拟世界的思想范畴,从而使元宇宙拥有了更大真理尺度的高感性与高理性心智基础——元宇宙之"元"的基础。

我们在追寻这种思想线索的过程中也可以发现,元宇宙得以创立所依赖的科学和技术本身的更大本质同样指向了元宇宙之"元"。先不谈宇宙大爆炸学说中超越时间与空间的"奇点"是怎样进入心灵的合理区域的,就拿宇宙学的一个重要假说"人择宇宙"来讲,它就显得相当"元宇宙"了。

人择宇宙假说是世界科幻名著《计算中的上帝》中引发剧情冲突的核心思想主题。人择宇宙假说讲的是这样一个令人惊讶的"事实"：如果把每一个物理定律和科学观测的现象分开来看，这个宇宙依然还是一个被切分于各个可大体按学科划分的离散领域中的机械宇宙，例如物理学的万有引力定律和化学的氢氧中和反应方程式就是两个独立的科学规律，它们相互之间可以有联系但并非那种必然的内在关系。但是，若把人类这个观察者跟科学规律结合在一起进行统一考量，事情就开始大不相同：如果万有引力的引力常数稍微大一点，宇宙中的物体就会坍塌，如果这个常数稍微小一点，恒星和行星就不可能形成；同样，如果让质子和中子得以结合的强核力的强度比现在的数值稍弱一点，那么原子就根本不可能形成；如果稍强一点，那么宇宙中所有原子就只能都是没有中子的氢原子。我们都知道生命起源于水，水确实是一种十分特殊的物质，只有它会在由液态变成固态（冰）的过程中体积增大而密度缩小，从而冰得以浮在水面上，然而，想象一下，若非如此，冬天来临的时候，大海从底层开始结冰，这时生命还有可能从水中诞生吗？诸如此类的"事实"都在证明：这个宇宙的所有自然法则似乎特别"偏爱"人这种智慧生命，以至于如果各个物理参数只要稍微变动一点，人就不可能存在，也就是说只要把人这个主观观察者跟宇宙的客观物理法则联结一体来看，它们两者之间居然呈现出主观与客观全然协同在一起的整体之美，而美意味着一种高感性的更大领域；此时我们必定想要知道：这种整体的"人择之美"的更大尺度之高感性来源的世界究竟在何处呢？换言之，人择宇宙假说告诉我们，日常视角下的机械宇宙仅仅是宇宙的一个表层面目，在它之上还存在着一个作为宇宙和谐之美的来源的更大、更深面貌的宇宙——元宇宙。正因如此，我们的宇宙就好似被精心"设计"过一般。

由此可见，科学对于自身更大本质的探索也是相当"元宇宙"的，并不那么纯粹理性，这并不是说人类的演化要贬损理性，恰恰相反，理性也许会在文明演化中自然延展为更大尺度的高感性与高理性，而这一切都在于我们希望将自身的心灵禀赋扩展到要去积极把握怎样的信息密度——这便再一次让我们回到《雪崩》中所展现的元宇宙的更深本质——"元信息"上。

（二）元宇宙之元尺度

《雪崩》中的"元信息"叫作"谟"，根据书中的描绘，它曾经在人类的原始时代（例如苏美尔文明时代）作为一种底层文明交互手段而统治着当时人类的知识谱系与生活方式，而它之所以能做到这样的地步，是因为当时的人们已经领悟了这样一个心智奥秘：人的心智拥有两套语言系统，一套是通过经验学习而获得的后天语言系统，用于一般日常交流；而另一套则是先天语言系统，它是人类从共同的祖先那里继承下来的全人类心灵共通的心智遗产，天然根植并融合于人类大脑的深层神经回路，帮助我们的大脑学会更高层次的语言；它是语言学的基础构造，也是心智的深层结构，但是在适当的条件下，此深层结构能够绕过后天语言的屏障而直接激活，进而与人类的身体功能结合在一起而促使其自发运作，例如可直抵舌头的神经让人类不由自主地说话便是这一先天语言系统的输出模式。有了输出模式当然就会有输入模式，在当时，这种输入模式可以是一种结合特定音调和意义组成的特殊的话，也可以是一种蕴含特定视觉构成韵律的图像，无论是这种特殊的话还是特定视觉构成韵律的图像，它们都以一种高明的方式同构于心智的深层结构中，从而成为一种直抵先天的超级信息——元信息，在苏美尔文明时代，它被称作"谟"。正是因为谟的作用，人类才得以从穴居时代走向农业时代，谟正如一个小小的程序，只要人类的心灵获得并读取它，就能直接完成需要相应技艺的工作，例如烤面包、建造房屋、耕种出符合时序地理之垄土的田地；高级的谟则可用于战争、艺术、外交等领域，人们只要在需要的时候去"下载"相应的谟，就可根据其指示来自发完成社会系统中的工作，如同自动运行一个程序。

然而，苏美尔文明的一位智者发现，人类无条件乃至无意识地大量"滥用"谟，已经开始使得人类社会充满了愚昧和迂腐，文明演化所需的创新突破的意识与天性将逐渐蜕化乃至丧失，这已然成为当时人类的巨大危机。于是，这位智者通过自身对于心智深层结构的领悟编写了一套用来反制谟的话语机制，它的传播和交互方式跟谟是一样的，如此，便可中和谟的强制作用从而重塑人类的思维模式；而当所有人都遵从了这位智者对于谟的反制机制之后，他们便逐渐忘记了自身内部的这种古老的先天心智禀赋，从那时起，专门用来处理后天经验信息的"理性"便诞生了，并延续至21世纪的今天。实际上，对于谟这种"元信息"，当代语言学已经开始部分地揭示了这种先天语言的效应，例如美国语言学家史蒂芬·平克（Steven Pinker）在他的著作《语言本能》中就阐述了一种让思想构造与传递不借助于后天语言而存在的"先天语言"——Mentalese（心语），但他并没有全然解开其中的深层心智结构秘密。不仅如此，人工智能科学欲求摆脱"0和1"的二进制所带来的二元机械的理性束缚所探究的人类大脑的神经模式，以及大数据为达成超越因果律的相关性所建构的各个算法模型，这些针对前沿科技的探索行为从本质上来说跟实现从后天语言到先天语言的"元信息"效应是一回事，因为它们都涉及人类智能，即心智深层结构的秘密的"解开"，亦即元宇宙之"元"的真正领会。

事实上，如果从元宇宙之"元"所代表的更大真理尺度的视角，东方原生文化中早就蕴含了系统性的相关思想线索，譬如禅宗便有一种名叫"无门关"的修行方式，"无门关"是使用特定叙述方式记载的佛门中临机开悟的一系列"故事"集成，这种蕴含开悟玄机的故事又叫佛学"公案"，我们可以从这些蕴藏玄机的故事中看到如今视角下的大量的怪诞"行为艺术"，但是这些"行为艺术"的特定叙述却非常灵巧地镌刻了佛学教人如何解开后天束缚之"相"，从而走向先天觉性的严密心智线索，因而其中相当程度地反映了心智深层结构的奥秘，即"元信息"的奥秘；就此而言，我们说一个又一个禅宗"公案"便是一条又一条"元信息"，也是丝毫不为过的。从这个角度来说，人类文明对于"元信息"所代表的古老的心智深层效应是并不陌生的。

附录一
元宇宙中的"分身":哲学、科学与伦理起源

莫比乌斯带

由德国数学家、天文学家莫比乌斯和约翰·李斯丁在1858年独立发现

当今时代,人们很喜欢用"莫比乌斯带"这个数学拓扑结构作为元宇宙的图形标志,它实际上反映了人们潜意识中对于元宇宙的内在禀赋所实现的现实向更大真理尺度自然"升维"效应的领会,那么,我们该如何理解这一点呢?就拿莫比乌斯带来说,如果一种二维生物,譬如一只蚂蚁,只要它坚持顺着其中对于它来说同一个二维的面向前行进,即坚持这种稳定经验的"不变性"而持续推进,它就会将整个莫比乌斯带这个三维结构的全部表面都爬一遍,并且以自身镜像的方式又回到起点;也就是说,对于这只蚂蚁来说,只要它聚焦在一个拓扑结构中持续行进,它就能实现整体行为的"升维",最重要的是,在这个过程中它的行动始终没有脱离自身原本的行动本能,从而维持了一种整体行动方式

223

的"不变性"的领会。同样，在当今时代，人类的前沿学术的视域已然不约而同地聚焦在"元信息"所代表的心智深层结构之上，而这种心智深层结构首先被认为是一种心智的拓扑效应，那么这种"心智拓扑效应"该如何理解呢？参照莫比乌斯带的叙述，它可以表达为：当心灵直观聚焦在某种特定心智结构所呈现的"不变性"进行持续推演和递归的时候，它将在一种自然而稳定的过程中实现心智行动"自洽性"的顺畅延展，即心灵尺度的"升维"，进而达成对于更高信息密度的知识或讯息的积极把握，甚至在这个过程中，将原来截然相反甚至矛盾的不同思维层面顺畅地协同在一起而不会有任何"突兀"，从而实现一种心智的"拓扑"。当然，我们也可以把这种心智拓扑效应形象地比喻为心智的莫比乌斯效应。

这种心智的莫比乌斯效应是如此重要，以至于人类文明作为一个整体去探索宇宙和真理的方式及效率，就是由其中所蕴含的基本原则所决定的；因此，对应于"元信息"，我们可以把这种心智的莫比乌斯效应所表达的真理尺度称为"元尺度"，就此而言，毫无疑问元尺度便是"元信息"的打开方式，同样也是元宇宙的真正打开方式。而这种心智的莫比乌斯效应，即心智的拓扑效应也将在艺术与科学融合的一个思维契机中更进一步彰显其背后的奥秘。

（三）非线性的真实

人类对于心智的拓扑效应并不陌生，美国思想家侯世达

（Douglas Richard Hofstadter）在其著名的认知科学著作《哥德尔、埃舍尔、巴赫：集异璧之大成》中就着重介绍了这种效应，并将它称作"自指"效应。所谓"自指"指的是这样一种奇妙的效应：不知为何，我们的心智总能天然地做到这样一件"匪夷所思"的事情，即在由主词和谓词组成的命题中，我们的心智总可以让这个命题本身把自己当作谓词，即自己引用自己，使得最后的结果看起来就像自己的一部分总在指向自己本身而跳出原有的命题层次似的，故而叫作"自指"。这个叙述也许看起来很抽象、很拗口，但是它在两千多年前的古希腊时代就已经进入了人们的思索中，并被当时一位哲学家欧布里德（Eubulides）归纳成了一个思想实验，叫作"说谎者悖论"。

说谎者悖论的内容非常简单，它被描述为：如果某人说自己正在说谎，那么他说的话是真还是假？换一个通俗点的视角，也就是说当有人向你说出下面这句话时，他到底说的是真话还是假话？

我这句话是假的。

对于上面这句话，即一个命题判断，当我们用一般的日常语义来理解它时，我们可以很容易地把它理解为：我说的某句话，它是假的。然而，事情的奇特之处就在于，我们的心智还可以将"我这句话"指代"我这句话是假的"这整个句子本身，从而再进行谓词判断，于是这句话的意思立刻就变成：我说的整句话都是假的，既然"我说的某句话，它是假的"这整个句子是假的，那么我说的特定的这"某句话"就是真的了。我们也可以把"我这句话是假的"同构换成"我说谎了"，于是，按照日常语义来理解，即"我说了一句谎话"；而当心智把"我"扩展性地指代这句话本身的时候，语义也就跟着变成了"我说谎了"（这句话）说谎了，那么，我也就没有说谎。因此，当上面这句"自指句"被说出来的时候，按照纯粹理性的逻辑，它也就既不能判定为真也不能判定为假，而从更广义的角度来说，它也可以看成既包含真又包含假，即"既真又假"。

于是，若把这一句"自指句"看成数学上的一阶谓词初等数论的逻辑判断形式，那么，《哥德尔、埃舍尔、巴赫：集异璧之大成》中提到的哥德尔不完备定理也就表达的是这样一个意思：包含一阶谓词逻辑与初等数论的形式系统，而且是自洽的，它必定包含某些系统内所允许的方法既不能证明真也不能证伪的命题——自指命题，从而也就不能看成整个（理性）形式系统是无矛盾的，因而也便是不完备的了。不仅如此，这个自指命题背后的心智意象，也相当"精确"地被荷兰画家埃舍尔的画表现了出来，譬如他的一幅闻名遐迩的《画手》。

"自指"现象不但促成了哥德尔不完备定理的诞生，而且还在一个更深的层面上引发了思想史上的第三次数学危机，即由著名的"罗素悖论"引发的至今未能完全解决的重大危机。罗素悖论也叫理发师悖论，它其实是说谎者悖论的扩展表达，即一位职业理发师宣称：他只给那些不为自己刮脸的人刮脸。那么问题是：

当他要给自己刮脸时，他到底属不属于自己的这个原则呢？

如果"理发师悖论"不好理解，那么它的另外一个简化版"口袋悖论"就容易多了：我们很轻易就能想象在一个码头上要把很多苹果放进各个袋子然后装船，当一个袋子用来装苹果时，这在日常的线性思维来说很正常，但是如果某个船东为了省事，要求一个能装所有袋子的袋子，这就麻烦了，因为，这个"超级袋子"能装下自己吗？能装所有袋子的袋子，即说尽所有谎话的谎话——这便是"说谎者悖论"的另一种"自指"表达。从这个角度看来，埃舍尔的《画手》同样可以表达为：能画出所有在画手的画，这存在吗？此外，音乐大师巴赫（Bach）也运用了"自指"背后的心智结构所呈现出来的音乐形式，在他的乐集《音乐的奉献》中创造了一种"无穷升高的卡农"的穷尽所有音调（增高）的音调，在音乐乐理中，这种音阶处理手法又被称为"谢泼德音调"。所有这些自指现象不仅让旧有的逻辑学陷入了一种同时蕴含A与非A的神奇"怪圈"中，而且也显示了心智总是在寻求跨越原有的框架而涌现至新的格局中的拓扑天性——追求元尺度的天性。与此同时，我们也可以发现这个"自指现象"背后的心智结构是多么具有"跨学科性"，尤其是横跨艺术与科学的普遍性。

在一百多年前的哥德尔（Kurt Godel）与罗素（Bertrand Arthur William Russell）所在的时代，西方理性主义高潮的余韵还未完全散去，因而哥德尔和罗素也就很自然地把造成理性推演矛盾性的"自指现象"当成一种逻辑上的"恶性循环"来处理，但是，尤为令人惊奇的是，罗素本人在《数学原理》中对于由自指所造成的"罗素悖论"的应对方式，居然是引进了一个过去的纯粹理性之逻辑定律完全无法证明、却在艺术等高感性领域被惯常运用的"层级"概念，以试图最终实现数学体系在逻辑上的圆满而达成"数学大一统之梦"。可惜的是，他这样的做法当然没有完成这个"使命"，而且现在看起来颇有点掩耳盗铃之感。时至今日，一个多世纪过去了，当今的各个前沿学科如复杂性科学、思维科学、脑科学、认知科学、人工智能科学等，它们的最新研究探索越来越表明这样一个真相："自指现象"指向的是一种心智的深层结构，即心智的先天结构，正是因为这个心智的先天结构的存在，才使得我们能够达成让心智顺畅跨越旧有的层次而跃入"新维度"的"拓扑成就"，那么，我们把这个心智的先天结构称作心智的拓扑结构是丝毫不为过的，如此看来，我们的意识内部似乎真的可以凭空变出一条通往时间与理性之上更高维"魔法王国"的神奇轨道。而在元宇宙时代，现在的新问题是，这个映射元宇宙之"元尺度"的心智拓扑结构该以怎样的方式在元宇宙中真正展现出来呢？

由此可见，自指现象与心智拓扑效应其实是同构的，但是"拓扑"比"自指"更进一步地指向心智的先天结构的关键特质，即一种能给人带来新的稳定经验感的（非线性）心灵原始结构；而"对于稳定经验的积极把握"恰恰是科学之所以成为科学的最核心特质——甚至说是科学的"第一性"，于是，这就带来了对于"稳定经验"的全新含义及其领会。为何这样说呢？我们需要了解，传统科学观或经典的科学观对于"稳定经验"的理解仅局限于经由时间与空间的感官能力所框定的唯一真实经验的把握，也就是说能够被纳入"科学观测"视野内的现象拥有一个相当"顽固"的设定，即除非是时间与空间之内能被理性所组织的内容，否则都不能叫作"科学现象"，因为除了时间与空间之外，心智没有其他感性直观能力。很显然，这是一种固化而静止的"稳定经验"；但是新的"稳定经验"之义却指向这样一种全新的意涵：它跟随深植于心灵禀赋的先天结构所自发指向的天然道路而让经验得以稳定地拓展与演化，同时，在此过程中心灵的普遍聚焦行动并不会有任何不自然的阻碍或不自洽的"瓶颈"——由此可见，这在相当程度上突破了经典科学观对于人类心智模型的保守设定，从而成为一种开放而动态（演化）的稳定经验之"稳定感"，在新的稳定经验中，人类将进入一种全新尺度的心智模式，从而当然拥有不拘泥于时间与空间的（非线性的）感性直观能力。

从这个"稳定经验"的新视角来看，在过去的艺术实践中，艺术家正是运用这种心智的拓扑效应来触及更高的感性经验的"灵感"而进行创作活动的。但是，在过去，由于这种心灵的拓扑结构并没有被有效而清晰地普遍揭示出来，因而在传统科学系统的考量之下，这种高感性的经验活动看起来也就不那么"稳定"，也正因为如此，启蒙运动以后，艺术和科学这两个领域才根据"稳定经验"这个科学的第一性原则而被生生割裂开来；要知道，无论是在东方还是西方的文明早期，艺术与科学从来没有如此分离过。如今，在元宇宙的元尺度中，正如前文所叙述的那样，情况跟启蒙运动时期早已经有了很大的不同，因此，在对于这种心智拓扑效应愈加普遍的运用中，艺术与科学也便拥有了再一次融合并且共同"升维"的契机。换言之，在元宇宙之元尺度的视域中，传统意义上的艺术与科学将越来越变成同一种活动，或者说同一种活动的不同展开面与行为格调，因为经由此心智拓扑结构对于人类稳定经验的积极扩展，艺术家与科学家将越来越使用同一个层次的心灵直观能力进行实践，于是，过去壁垒深深的艺术与科学在新的视域中是否还会被称作艺术或科学，又或者说是否会演变为对于新的心智能力的使用方式，这在未来都是需要进一步探讨的事情。

就此而言，当我们谈论元宇宙艺术的时候，实际上谈论的是在元宇宙的元尺度视域下的艺术的更深本质，于是，了解心智拓扑效应得以生成的元尺度所对应的心智环境抑或心智模型也就十分必要了；而所谓心智模型，不外乎使用某种真理尺度来对心灵整体进行切分，从而再组织为一种意义模式而得到的东西，即使得心灵形成"分身"的过程。那么，人类的思想史中究竟是怎样运用特定真理尺度而形成心智模型之"分身"的？更进一步说，元宇宙的"元尺度"又是怎样在这样的演化史中必然诞生的？"元尺度"在西方与东方的原生文化中又拥有怎样不同的表现？要回答这些问题，我们需要首先回到现代文明的文化起点——西方哲学的诞生之处来看一看这一切的发端。

二、分身现身元宇宙的认识论基础

（一）二元对峙的人性分身

前文已经提到，元宇宙之"元"的本质在于展现一种真理尺度——元尺度，而元宇宙艺术的本质也便反映在由元尺度"切分"心灵整体而生成的心智模式——分身上。元尺度难道是凭空产生的吗？当然不是，它自然有其思想演化的根基，而它得以演化自身的最重要的前置状态，即演化的"台阶"便是将人性一分为二的西方文化，即西方哲学所展现的真理尺度。这种真理尺度生动地反映在了一部被誉为西方文学史上最伟大的科幻作品之一——《2001 太空漫游》中。该作品由著名作家亚瑟·克拉克（Arthur Charles Clarke）创作，后来由导演斯坦利·库布里克（Stanley Kubrick）改编成电影。作品的一开篇便以一种特别的方式为人类的起源与进化设定了一个神话般的"标尺"——一座"黑石"。这座黑石非常神奇，当它在数十万年前突然出现在地球的时候，便准确地将自己完美神秘的身躯呈现于人类的祖先——类人猿的一个种群中，同时，它也以不为人知的方式向外持续散发着某种高维的宇宙信息，以至于当它四周的类人猿在一旁嬉戏的时候，观看它的目光竟开始从动物般的野蛮与混沌转变成了一种富有灵性意味的"审视"乃至"反思"，并由此开启了类人猿向真正的人类文明进化的路程，或者说是向着"黑石"所标示的宇宙文明标尺与真理尺度进化的历程。

在西方文明的叙事体系中，这一座神奇的"黑石"是一个深沉的象征与隐喻，它表达了总有一个超越人类经验第一性的东西，并以之作为起点而开启一个完美而自洽的线性因果链条，从而构成世界，无论这种第一性的东西是叫作精神、物质、存在抑或是"上帝"。这种思维也最终导致了科学乃至现代文明体系的诞生，同时也将这种实际上具有相当程度真理尺度偏好的文化宿命扩展到了全人类。而与之相异的是，同样是对于"石头"的象征和隐喻，东方文化却有着另一种不同的表达方式，例如我们耳熟能详的《西游记》的主人公——齐天大圣孙悟空，它的降生方式便是从一块天生地养的石头中"蹦出来"的。很显然，这种"诞生"方式不是依赖一种如同"黑石"一般的超验的外在存在，而全然是从更深境域的内部"生成"并演化出来的。我在此并不是要辩论两种文化"诞生"方式的优劣，而仅仅是要指出，如西方这种第一性因果序列递增的方式并非世界或真理展开自身的唯一方式，而东西方文明这两种方式差异在真理本质视域上又是如何造成的呢？对此我们先按下不表。

而对于一种文化起源的思辨，最深处莫过于对其哲学体系诞生之处的思想源头进行反思，于是，接下来，让我们回到两千多年前的古希腊——西方哲学的诞生处，来看一看西方哲学体系的起源方式背后的思维密码。

曾经，一部中国"80后"非常熟悉的文艺作品《圣斗士星矢》从另外一个层面给大家科普了一番古希腊神话的基本知识，其中智慧女神雅典娜（Athena）、众神之王宙斯以及冥王哈迪斯（Hades）都是古希腊神话中众神的一员。实际上，在正统的哲学诞生之前，古希腊最重要的精神文化形态便是神话和宗教，它是如此重要，以至于古希腊的各个城邦在评判和审视相互的地位和关系的时候，首先便要严肃地论辩一番各自所信奉的"神"在众神谱系中的"超自然"关系，并以此作为双方建立邦交关系的基础"法理"。例如，留存至今的著名建筑帕提农神庙，便是当时雅典城邦为供奉其守护神"雅典娜"而建造的。为明确这种邦交"法理"，希腊人甚至为此研究和发展了一种学说——神谱学，神谱学是比神话和宗教更进一步的精神成果，它描绘的是一种严肃的理论，即关于诸神起源、彼此神性关系乃至世俗关系的理论学说。有据可考的最古老的神谱学理论是赫西俄德（Hesiod）所著的《神谱》。神谱学理论满足的是一种诗意的构想，从而对超自然力量与动因进行崇拜和探索的精神需求，它用理论的方法塑造了一种超越世俗之上的"诸神世界"，并将其中的众神等级、神性秩序和结构关系投射成为"世俗世界"社会秩序的原则。这当然不是"哲学"，而是一种从自然崇拜到多神之超自然崇拜的精神演化表征，但却为哲学的诞生提供了思维方向与风格偏好的文化土壤。在此我们需要注意的是，西方哲学的某种文化标尺或者思想尺度的倾向在其神话图腾的心灵开端便埋下了种子。而我们很容易就能看出，西方"神谱"中众神的神性的获得完全是一种跟世俗毫无关系的血缘继承的超验闭环方式，普通人哪怕再优秀，若无此血缘也是完全无法成神的，这便跟东方"神谱"的神性获得方式大相径庭了，这在很大程度上反映了两种元宇宙之"元"的内涵及层次。

现在学术界公认的西方哲学的开山祖师，即西方第一位哲学家，乃是生活于公元前624年至公元前548年的泰勒斯（Thales），他在很多史学著作中被称为"希腊七贤"；他之所以拥有如此高的地位，是因为他说了这样一句话：

"水是万物的始基。"

这句话在今天的科学视角看来当然是一句错误的结论，但是如果回到古希腊当时的文化环境中，它却具有极为重要的突破性意义。在前文的神谱学介绍中我们已经知道，在浓厚的多神崇拜氛围环境中的古希腊人看来，能够决定并成为万物始基的那种特殊的东西从来就应该是超自然的神的力量或神的意志，而绝对不可能是"水"这种存在于自然中的东西，但泰勒斯就是这样说的，并且进行了详细的论述，这种论述是如此自洽，以至于泰勒斯必定说服了很多人并推动了某种思潮的流行，如此，他才能被称为"贤者"。事实上，我们之所以说泰勒斯的提法是一种对于精神的解放，是因为"水是万物的始基"的思想，第一次断然拒绝了对超自然的神的依赖，而引导人们的思维努力从自然中寻找真理法则——用自然来说明自然，这便直截了当、清晰无比地提出了哲学的命题。

用自然来说明自然，意味着人们不再借助神的力量和意志来解释自然法则和确立事物的原则，而是需要通过存在于自然中的人自身的理智力量来进行真理的思辨，即确认了理智或理性在思想立法中的权能，这便是"水是万物始基"的第一个要点。

我们都知道，在一般感性自然中的"万物"是流变的、多样的，甚至是杂乱的，但是，"水是万物的始基"却告诉人们，这些杂多的感性表象将统一于一种不变的、永恒的"始基"——水，这便确认了世界的统一性，即确认了另一个重要原则——驭杂多于一，这便是"水是万物始基"的第二个要点。黑格尔（Georg Wilhelm Friedrich Hegel）在他的《哲学史讲演录》中对此评价道：

"哲学是从这个命题开始的，因为藉着这个命题，才意识到'一'是本质、真实、唯一自在自为的存在体。在这里发生了一种对我们感官知觉的离弃，一种对直接存在者的离弃——一种从这种直接存在的退却。希腊人曾把太阳、山岳、河流等看成独立的权威，当作神灵崇拜，凭着想象把它们提高到能够活动、运动，具有意识、意志……无限地、普遍地予以生命和形象，却并无单纯的统一性。有了那个命题，这种狂放的、无限纷纭的荷马式的幻想便安定了——无限多的原则彼此之间的这种冲突，这一切认定某一特殊对象为自为地存在的真实体、为独立自为高于其他一切的力量的种种观念，都取消了；因此确定了只有一个'普遍'，亦即普遍的自在自为的存在体——这是单纯的没有幻想的直观，亦即洞见到只有'一'的那种思想。"

黑格尔的上述评价，展现了"驭杂多于一"这个要点的逻辑内涵，也就是说，要能够在自然中找到"一"，就必须对感性事物进行超越，尤其是抽象的超越；而要达成这种超越，只有凭借对于自然背后真实存在体进行唯一把握的"思想"，但是，这个"思想"又是源于存在于自然中的人自身——超越自然又不可脱离自然。因此，"驭杂多于一"标示着思想，尤其是理性思想对于自然的超越性。

此外，"水是万物的始基"还隐含着极为重要的第三个要点。因为在"驭杂多于一"的超越过程中，唯有"思想"才能实现对于这种感性屏障的超越而把握感性杂多背后唯一的真实体，即把握实在，这就意味着一个默认的心灵预设，那便是思维与存在具有同一性。因为若不是思想能够切中感性杂多背后的实在，并且这两者具有真理同构性，那么，关于"一"的真理知识又如何能呈现于思想中呢？因此，在哲学上也把思维与存在关于形成知识上的同构作用一般性地表述为：思维与存在同一，这便是"水是万物始基"的第三个要点。这个要点包含了西方对于知识论的基本特征，理性或理智的构成，被认为与事物的内在结构本来一致，因此，通过理性的努力并在理性中去发现这种一致性，就能形成关于事物的知识。然而，这里需要指出的是，这种"同一"的彻底逻辑证明在西方哲学那里从来没有真正完成过。

当泰勒斯这句"水是万物始基"背后的三大要点被阐发之后，我们便可以说，西方哲学于此诞生了。然而，在上面的分析中，我们也可以发现，西方哲学自诞生之日起便包含了一种强大的思想惯性与文化惯性于其中。在神谱学那里，希腊人的思维体系就开始牢固地形成了一种世俗世界与神明所在超验世界相互二元分离的思想模型，对这种思想模型进一步内省与反思，便导致了泰勒斯的这一句哲学起源之思，也就是把神的外在性去除，而将超验世界纳入人的思想本性——理性中来，从而让知识建构能力在人自身之内形成闭环，这就是西方哲学诞生的总背景。这种背景源于这样一种心灵惯性：总有唯一的一个与世俗现象界相对的超越世界存在，在其中，绝对与永恒得以确立；也就是说，西方哲学乃至西方文化寻找到的这种代表绝对的"不变性"，即真理尺度，是通过对于感性世界的抽象超越的方式得到的，而经过后来的巴门尼德（Parmenides of Elea）、柏拉图、亚里士多德的努力，这种真理尺度也便最终定位在了"存在"这个东西上，它有很多同构的概念，例如本体、实体、理念抑或范畴。而正是通过这种真理尺度，我们的人性被彻底地一分为二，形成了一种感性世界与理念世界二元对峙的"理性人"心智模式，即分身模式。在"理性人"的打开方式中，我们的心灵其实已经被切分为了两个二元分立与对峙的"分身"，感性与理性、经验与理智、身与心这些经典的二元观就是"分身"的代表。

当我们了解了这样一个思想惯性的背景之后，接下来就可以进一步阐析"水是万物始基"背后三大要点的思想边界了。

西方哲学起源第一大要点是"用自然本身来说明自然"。我们已经充分了解，西方哲学的诞生是相对于神谱学而言的，也就是说，哲学中的"自然"是相对于超自然的"神"而存在的。如果从人们在一种稳定的自然经验下来积极把握知识的角度来看，这样的原则当然具有进步意义，然而，这样一种对于超自然或超感性能力天然对立的二元背景，让西方哲学的思维模式形成了一种对于一般自然的稳定经验绝对化的心灵惯性，于是，这就为西方哲学乃至科学体系将人的稳定经验能力完全固化于"时间与空间"这种唯一方式的"信仰"奠定了基础。

西方哲学起源第二大要点是"驭杂多于一"。"驭杂多于一"即确立思想或者说理性对于感性的绝对超越的信念，这种超越更具体来说是一种抽象的超越，也就是将事物的感性情感与感觉质料"抽"出来，排斥出去，从而得到某种抽象的概念形式；而这种抽象的概念形式所对应的"一"便是真实存在，这些存在所构成的世界便是真理实体所在的超验世界，即理念世界，这就是知性与理性得以实现自身权能的一般过程。我们会发现这种过程即纯粹理性的过程。从思维法则的角度来看，这个过程实际上也是一个极致使用"矛盾律"的过程；它不仅确保了矛盾律在西方哲学体系中作为主导思维定律的地位，同时也确保了理性作为人性最高能力在西方思想体系中的长久信念。而由超越性的存在形成的超验世界，准确来说，是经由而且只能一次性地超越而形成的超验世界或彼岸世界，固化为一种形而上的远离现实经验的消极世界，从此，表征矛盾律的纯粹理性也就成为人性的最高能力，而元宇宙之"元"的西方词根"Meta"，也便是在这里落定了它的内涵起源。

西方哲学起源第三大要点是"思维与存在同一"。"思维与存在同一"的心灵预设天然地将思维与存在二元分离，这也导致了在笛卡尔（Rene Descartes）之后的西方近代哲学最终固化于将身与心、主观与客观彻底二元分离，即将人性彻底构筑在二元分身的思维模式中，于是，二元性也就成为西方哲学始终无法摆脱的思想桎梏。"思维与存在同一"也将实在性和理性的思想本性绑定在了一起，这种绑定的结果，让实在性或本体性变成了一种超越感性的唯一实在性，或者说变成了真理呈现的唯一主导形态；因为既然思想或理性对于感性的超越是"一次性"的，也就不可能形成比理念世界更高的真实世界，那么，也就只有唯一的真实与唯一的真理形态了；同时，既然只有唯一一个真实的、超越性的理念世界，那么，其对应的经验现实也必定是唯一的乃至单一的，而不可能有其他次元的现实或其他真理主导方式的现实形态，于是排他性的单一现实或唯一实在的西方文化信念也就此成形。就此而言，文化上的"西方中心论"以及文明演化上的"文明冲突论"也正是在这里埋下了种子。

总结一下，造就现代文明的这种西方文化所发现的真理尺度，正是一种深度使用矛盾律的尺度，时间与空间、纯粹理性与单一现实便是它所呈现的世界观的三大表征，它在后来经由笛卡尔与康德等启蒙思想的努力又进一步统合为"理性人模型"的心智模式，在其中，我们的心灵整体被切分成了一种二元对峙的分身模式，同时，在这个心智的打开方式中，我们的思想能力完全是一种后天的、线性的东西，而无法展现出元宇宙之元尺度所揭示的心智拓扑结构。从这个角度来看，我们在前文提到的《2001 太空漫游》中的"黑石"的最初内涵，也便充分地体现了这个特点，即人类文明的演化必须通过一种经由超级文明提供的"黑石"来进行，此"黑石"很大程度上象征着超验的实体或存在。

（二）元分身的诞生

随着西方哲学演化至当代哲学阶段，人性的分身之境开始变得有所不同，传统的二元分身——存在者开始逐渐退居二线。以海德格尔和德里达为代表的西方当代哲学家发现，人类的心智在存在者得以"存在"之前就已经有了一种更先天的打开方式，这种打开方式导致了对存在的领会。因而，如果没有这个前提，任何"存在"都无法存在，任何"分身"都无法分身。

对此，我们可以用一个保证真理尺度思维境界的判断句"苹果是红的"为例来说明一番。古希腊思想家的境界，在于"苹果是红的"通过"是"这个系词来定位"苹果"所在的存在者，从而实现对于"红的"这个感性杂多的超越，这用哲学的话语来说便是感性杂多源于存在；笛卡尔的成就在于发现了这个判断还拥有一个前提"我思"，即"我认为苹果是红的"，用哲学的语言来归纳便是存在源于"我思"；海德格尔再次发现这个判断句还有一个更大的前提，即"在我认为中我认为苹果是红的"，用哲学的语言来叙述便是任何"我思"的理性判断都源于一种"在……之中"的发生状态或生成状态，即存在若无存在之领会，则任何存在都无法存在。于是，这就从根本上"革新"了西方哲学自古希腊所建立的基于概念化的"存在者"的知识论传统，而进入了一种更

附录一
元宇宙中的"分身":哲学、科学与伦理起源

大的心灵尺度——元尺度的视域里。从逻辑上来说,"在……之中"是一种逻辑建构,它的同构形态便是"世界";此"世界"并非机械的物理时空,而指的是一种人类的精神发展于其中的"叙事化"的生活世界或人生世界所导向的世界意识。那么,"在……之中"的完整表达便是"在世界之中"。因而,通过"世界"的建构之领会,海德格尔找到了一种作为更大真理尺度的新的"绝对"——元尺度,并将之命名为"此在"(Dasein),"此在"便是一种处于生成状态的世界。而很显然,"此在"是一种非二元性的概念和范畴,即作为"分身"而存在的存在者得以生成的高感性领域,也即心灵能够积极直观地、让更大尺度的真理得以栖身的领域——元分身的领域,那么,它就自然打破了作为元宇宙之"元"的传统形而上学意涵的消极的抽象性,因为在一个抽象而超越的形而上世界中,里面的任何东西,无论是实体、本体、存在还是理念,我们的心灵都无法通过积极的经验来"看"到它们,因而是消极的。对此,海德格尔的重要诠释者——威廉·巴雷特(William Barrett)做了浅显、恰当而又生动的描写:

> 我的存在并不是某种发生在我的体肤里面的事件(也不在那体肤里的某种非物质实体之内);毋宁说,我的存在扩展到一个领域或地带,也就是它所牵挂的世界。海德格尔的人的(以及存在的)理论可以叫作人的场论(或存在的场论),类似于爱因斯坦的物的场论;我们当然只能把这看作一个纯粹的类比……爱因斯坦把物质看作一个场(比如说,一个磁场)——这同牛顿的

物体概念正相对立，牛顿是把物体看作存在于它的表层界限之内的——照此方式，海德格尔也把人看作是一个存在的场或域。如果设想有一个磁场，它的中心没有磁石这样一种坚实物体，人的存在就是这样一种场，不过，在它的中心也没有任何精神实体或自我实体向外辐射……要花费一些时间才能习惯于海德格尔这个场的概念；但是，一旦熟悉了，它就立刻变得无法规避，十分自然，从而整个地改变我们看人的方式。诚然，这种存在总是"我的"；它不是一个不具备人格的事实，像一张桌子的存在只是桌子这个类的一个个别实证那样。然而，我的存在中的"我的"并不在于我的场的中心有一个"我-实体"这个事实，而毋宁在于这"我的"弥漫于我的存在的整个场里。"

由此可见，海德格尔的"世界"也便是"场域"，而根据更普适性的命名方法，我们也可以把元尺度所在的元分身之境称为"场域"或"世界"。从中我们也可以看出，在元尺度中体会到的"我"必定不是笛卡尔的"我思"所设定的让主体与客体二元分离的那种二元分身——"自我"或者"小我"（ego），而是一种让身与心开始走向融合的更大的我；它实际上是一种诗意的我或艺术化的我，正如海德格尔据此述说人类的心灵应该"诗意地栖居""艺术是真理的原始发生"，而处于元尺度之前的那种理性的存在者中的状态，实际上便是遗忘了自身更大的诗意的存在——元分身。同时，我们也了解到，世界之为世界实际上展现为历史性的生活世界，也是故事性的人生世界或叙事化的艺术世界——

元宇宙成为元宇宙的那个"世界",那么,就此而言,世界的本质即故事或艺术的本质,它们是同构的。由此可见,艺术或故事的本质结构从来不是那么简单,但是却好像被我们每一个人视为一种自明的生活领会——"没有人不爱听故事",这个谚语背后的意思实质上说的是:没有人不喜欢从故事背后的领会中回到心灵的"艺术化"本来家园。而现代心理学所说,人们可以轻易地从现实视角转换为舞台视角,指的便是人类的心灵本能拥有从分身转换到元分身的"天赋"。

对此,海德格尔在《艺术作品的本源》中有过对艺术家梵高创作的"鞋子"的一段精彩描述:

> 作为例子,我们选择一个常见的器具:一双农鞋……梵高多次画过这种鞋具。但鞋具有什么看头呢?人人都知道鞋是什么东西……与此相反,只要我们仅仅一般地想象一双鞋,或者甚至在图像中观看这双只是摆在那里的空空的无人使用的鞋,那我们将决不会经验到器具的器具存在实际上是什么。根据梵高的画,我们甚至不能确定这双鞋是放在哪里的……然而——从鞋具磨损的内部那黑洞洞的敞口中,凝聚着劳动步履的艰辛。这硬梆梆、沉甸甸的破旧农鞋里,聚集着那寒风料峭中迈动在一望无际的永远单调的田垄上的步履的坚韧和迟缓。鞋皮上粘着湿润而肥沃的泥土。暮色降临,这双鞋底在田野小径上踽踽而行。在这鞋具里,回响着大地无声的召唤,显示着大地对成熟的谷物的宁静的馈赠,表征着大地在冬闲的荒芜田野里朦胧的冬眠。这器具浸透着对面

包的稳靠性的无怨无艾的焦虑，以及那战胜了贫困的无言的喜悦，隐含着分娩阵痛时的哆嗦，死亡逼近时的战栗。这器具属于大地，它在农妇的世界里得到保存。正是由于这种保存的归属关系，器具本身才得以出现而自持。"

在这段描述里，我们可以深切地感受到梵高画中的这一双农鞋是怎样从一个机械的物理"分身"成为一个具有灵性生命的"元分身"的：它在一种心灵的更大尺度——元尺度之内，在禀赋的引导下，超越了用理性判断利害关系的日常用途，从而立即在梵高的画中得到"灵化"而活络了起来，成为一个凝聚着多重情感与信念的性灵角色——元分身，在其中，不仅凝聚着劳动的艰辛、步履的坚韧，还蕴含着大地的深沉召唤，以及对食物稳靠性的"无怨无艾的焦虑"与"战胜了贫困的无言喜悦"。这些多重化，逐渐递增甚至呈现出对立的情感与信念，也便在这双农鞋的"元分身"得以打开的艺术世界或生活之叙事世界里得以无碍地凝结在一起，共同构成了"农鞋"这一个元分身的生命特质，也彰显了农鞋的更大真实存在——超越了二元性之理性人模式的元尺度视域下的真实存在。就此而言，如果元宇宙中的诸存在，即各个"分身"，没有展现出这样一种真实感，那么元宇宙之"元"的意义也便无从建立了。

此外，海德格尔在对于元分身的艺术本质——"诗意"的论述中更是直白地将其称之为创造"间隙"（Zwischen）的艺术，"诗乃是一种在两极之间或'间隙'中的纯发生，格式塔缺口处的跃迁",并由此认为"一切艺术本质上都是诗"。而他对此最广为流传的表达,便是引用著名诗人荷尔德林(Johann Christian Friedrich Hölderlin)作为此中真义的"题眼":

"充满劳绩,但人诗意地,栖居在这片大地上。"

人在大地上"逗留",正如作为一种世内存在者的"分身"而表征有理性尺度的大地迹象,但人同时还去"仰望天空",从而呈现出不可抑止的朝向元尺度之元分身的创造性诗意,于是,天空与大地就出现了一种"撕扯",这种撕扯导致了"间隙"或"鸿沟",而作为此在的"元分身"之人,恰恰生活在这样的"天地之间"。

海德格尔对于这种心灵更深时间性体现为"间隙"的阐述,很显然是一种超越线性时空之感官结构的非线性构想,它在某种程度上确实接近了心灵的先天结构的本质,即心智的拓扑结构的本质。然而,令人遗憾的是,海德格尔对于元分身的拓扑结构的全部论述也恰恰止步于此,恐怕这也是西方哲学诞生之处所带来的思维惯性的自然影响。

(三)从元分身到元尺度

海德格尔之后的另一位思想家——法国哲学家德里达所代表的解构主义是当代哲学"反形而上学"运动中特点尤其鲜明的一个思想流派,如果说其他思想流派对于打破西方传统那种形而上的理性人"分身"模式还有些扭扭捏捏的话，德里达的解构主义思想便在最初就以一种欲求挣脱西方文化传统束缚的"大无畏"精神和态度而希望真正穿透西方的文化传统本身。

为何如此？我们还是回到那个映射哲学探索境界的经典句子中来，前文已经提到，从本体论或逻辑学视角来看，海德格尔的境界在于这样一种表述，即"在我认为中我认为苹果是红色的"，也就是说海德格尔的着眼点在于"在……之中"的思维打开方式中起建构作用的"世界"，因而海德格尔的思想结论往往聚焦在一个稳定性、整体性存在的结构体之上，例如"此在"这种特殊的"存在者"等；而德里达的解构主义则在此基础上走得更远，从真理尺度进一步延展的视角，"解构主义"认为"在……之中"的思维架构中的核心更在于"在……"而非"……之中"，换言之，如果把思维焦点放在"……之中"，那么，其中就仍然会存在某种本体性或本原性的东西占据元始尺度之构成作用的主体位置或主导地位，以满足"……之中"的那个对象，例如海德格尔所在的存在主义的那个"世界"，结构主义的那种特定的结构之"体"；但是"在……之中"的真正主导形态或角色就是建构或生成行动本身，即"在……"所昭示的尺度或意义构成行动本身，而并不需要什么本体性或本原性的如同实体一样的东西作为额外的"主体"或"本原"——分解逻辑之"体"而溯源逻辑之"行"，是为"解构"。

从上面的叙述中我们可以看出，德里达实际上提出了一个真理主导形态或主导角色的问题，通俗来说就是到底什么是真理的主角形态？是本体还是行动？要知道，西方哲学的一个根深蒂固的传统便是"（真理的）本原"，也就是说在过去的西方哲学家看来，一切探索真理的思想体系必然要追溯至一个完美无缺的、与自身同一的"本原"，以作为一切事物的存在、产生以及被认知和说明的起点与第一因，而它毫无疑问是一种"本体性"的东西，例如基督教神学的"上帝"、巴门尼德的"存在"、柏拉图的"理念"、亚里士多德的"实体"、康德的"物自体"、黑格尔的"绝对精神"、海德格尔的"此在"乃至宇宙大爆炸的"奇点"，等等，至于西方哲学诞生之处的泰勒斯之论——"水是万物的始基"，更是一种经典的"世界本原"思想。于是，此"本原问题"也就成为西方哲学之"形而上学"的基础问题乃至最重要的问题，"上升"为了西方文化的基石性思想传统，即元宇宙之"元"的较低尺度的那个境界。然而，德里达于是追问道，这种看似不证自明的"本原"真的是真理的主导形态吗？而他也证明：答案是否定的——同时，这种"否定"也就成为对西方传统"形而上学"的否定。

德里达"解构"西方形而上学传统的主要理论便是"延异"。所谓"延异"，按照德里达的说法，它既不是一个词，也不是一个概念，而是指一种自身差别-自身延迟的游戏运动；在德里达看来，本原总是处于延异运动之中，它总是延迟到场，而且在它内部早已蕴含着源于此运动的二元差别，例如主体与客体、感性与抽象、质料与形式、有限与无限、空间与时间、自然与自由……这些形成二元"分身"的范畴就是此二元差别的代表。而在德里达看来，这些导致二元分身的"差异"恰恰反映了本原已经包含原始的间距与最初的污染，也就是说当心灵思维"本原"的时候，它便早已经将自身呈现于一种不完善的状态中，正因为如此，这些蕴含矛盾与差异的二元分身早已将真正的本原给"替补"了，于是，这些"替补"上来的分身也就呈现为一种早已经逝去而逻辑先行的东西所留下来的"踪迹"，而这种"差异替补而得踪迹"的逻辑动作实际上呈现出了一种超越理性的拓扑局面。那么，这种比二元分身所代表的传统本原更先行的延异活动，实际上代表了元分身的本真逻辑形态——它既意味着一种从逻辑本原到逻辑行动的真理主导形态的转变，又意味着世界或宇宙的主导属性从实在性转变为另外一种非线性的性质，它便是"信息态"。

从前文叙述中我们完全可以感受到，德里达的解构主义对于西方形而上学或逻各斯中心主义的传统之"反叛"可是真够剧烈的，但是，他真正实现了这种反叛性思想行为的彻底性了吗？很可惜，并没有。德里达的解构主义思想实际上揭示了真理尺度开始进入元尺度的深层区域而要求新的稳定经验所展现的基底真理效应，即"逻辑之行"（行动）代替"逻辑之形"（本体或本原）而成其为心灵或真理的主导形态或主导角色，这也是心灵焦点从理性尺度转化为元尺度的显著的逻辑特质，这种逻辑特质恰恰是东方原生文化基因的"起始"特质——"生"。老子曰："道生一，一生二，二生三，三生万物。万物负阴而抱阳，冲气以为和。"这句话完全可以看成东方原生文化基因的总纲，而其中每一句话重复最多的关键词便是"生","生"即生成乃至创造,它意味着东方从来就是将一种"生成"的逻辑行动作为心灵或真理的主导形态,而这种"逻辑行动"也是"周易"之"易"的基本逻辑境界。由此可见,让东西方文化真正相遇在一起有多么困难,西方文化要在元宇宙的"元尺度"中绕一个大圈才堪堪抵达东方原生文化基因的起始之处,这也表明,元宇宙的元分身之境恰恰是东西方真正相遇的真实契机。通过德里达的"延异"活动,西方文化传统的"本原"被解构为一种既不在场(本原消解为行动)又在场(真本原之踪迹)的"若隐若现"的元分身状态,而此若隐若现的非线性状态恰恰是《道德经》开篇之"玄"的基本逻辑状态,即《道德经》第二十一章"道之为物,惟恍惟惚"之恍惚的初始直观视角。对此,德里达也在自己的著作中无数次表明了思想立场:延异是一种远比"本原"更古老的活动。只不过,他没想到的是,这种"古老"要比他想象的还要古老而深沉得多,同时,"延异"的阐释也表明,一种更大的稳定经验状态——心智拓扑局面的状态是我们心灵更深层的内在禀赋。

对于这种"元尺度"的心智拓扑效应的更深层的内在禀赋,另外一位西方思想家荣格(Carl Gustav Jung)也在他晚年的作品《金花的秘密》中讲述了它的效应:"西方的意识绝非普遍意识,而是有着历史地理因素的限制,只代表人类的一部分。"因此我们可以看到,荣格无论是对于《易经》还是西方文明自身的态度都和黑格尔相差甚远,甚至可以说他呈现出的是一种截然相反的判断。为何如此呢?荣格自己总结道:

"几年以前,当时的英国人类学学会主席问我,为什么像中国这样一个精神层次如此之高的民族却没能发展出科学。我回答说,这一定是一种视错觉,因为中国的确有一种'科学',其'标准著作'就是《易经》,不过和中国的许多其他东西一样,这种科学的原理与我们的科学原理完全不同。

事实上,《易经》的科学并非基于因果性原理,而是基于一种我们从未遇到因而迄今尚未命名的原理,我姑且称之为'同步性'(synchronistisches)原理。

……科学是西方精神的工具,依靠科学可以比仅靠双手打开更多的门。科学属于我们的理解方式,只有当它把自己的理解方式看成唯一正确的时候才会阻挡我们的视线。然而,正是东方把另一种更加广泛、深刻和高明的理解方式传授给了我们,那就是通过生命去理解。"

从上述可以看出,荣格所说的《易经》背后的"未曾命名的原理"——"同步性"原理及其所展现的"更加广泛、深刻和高明的理解方式",实际上代表的就是一种更大的真理尺度——元尺度的超越纯粹理性之线性组织方式的心智拓扑效应,或者用东方哲学话语来说,是一种"缘起性空"的更强大的稳定经验的规律。于是,从宇宙到元宇宙"绕了一个大圈",东西方文明也许终于将要在元分身背后的元尺度这里找到真正相遇的方式,一种充满元宇宙艺术感的高感性与超理性的"信息态"的相遇方式。

三、元分身之境：当代的"新科学"

（一）科学的"元分身"

在西方近代史的经典教科书的叙述中，我们可以了解到，学术界公认人类社会在文艺复兴以来最重要的进步标志之一，就是现代科学脱离神学的束缚而成为人类认识世界的独立体系，而现代科学与神学"划清边界"的最主要做法就在于科学共同体摒弃了神学或宗教体系的那种极度偶然性与不稳定性的"上帝启示"，把探索真理的基本路线归于"普通人"皆可实现的有效观察与检验的稳定经验之上，至于其他"进步"方面，例如打破知识由神职人员垄断以及新兴的市民阶层的兴起等，实际上这些进步效应的最原初的思想发生依据都来自科学之所以脱离神学的最根本原则——对稳定经验的积极把握及绝不退缩的精神意志和基本原则；同时，也正是根据这一基本原则，科学最终把艺术剥离出自身的体系之外，可以这样说，"对于稳定经验的积极把握"正是科学的"第一性"。

德国著名思想家雅斯贝尔斯（Karl Theodor Jaspers）在他的著作《论历史的起源与目标》中归纳了科学的三大特质：（1）通过方法论获取的知识，（2）绝对的肯定性，（3）普遍的有效性。雅斯贝尔斯所说的第二点"绝对的肯定性"所表达的就是对于稳定经验积极把握的原则，因为只有通过稳定经验的"科学观测"，我们才能够获得关于自然的确实的知识，即获得确定性的自然规律，从而显示出关于真理知识的人性"肯定性"，而不是神秘而偶然的

"玄想"与消极的迷信。事实上,通过对于前面的"西方哲学诞生之处"的阐析我们已经知道,所谓"通过方法论获取知识",也就是通过对感性杂多抽象出来的理性范畴进行组织来获取实验得以设计、知识得以建构的模型;而所谓"普遍有效性",则向来是西方哲学从一开始就将纯粹理性的先验范畴作为真理的构成方式所赋予的"公理"效应,这种纯粹理性的先验范畴便跟时间与空间"绑定"在一起成为一种"普遍的"人性公设,从而固化为人类认识自然的唯一的稳定经验,它们全然是被"稳定经验"的原则所设定出来的东西,并没有那么"不证自明"。由此可见,"对于稳定经验的积极把握"着实是科学的"第一性"。

然而,美国思想家托马斯·库恩(Thomas Samuel Kuhn)在他的闻名遐迩的著作《科学革命的结构》中提出,人类心灵深层共识中的"科学"并不像过去人们所认为的那样依靠"稳定经验"的时间积累而线性进步,而是一种远较动态的方式:

> "科学"这一名词在很大程度上是留给那些确实以明显的方式进步的领域的。这一点在经常发生的关于某门当代的社会科学是否是真正的科学之类的辩论中,表现得再清楚不过了。今天我们毫不迟疑地称之为科学的领域,在前范式时期也曾有过类似的论辩。这些论辩从头到尾,表面上都围绕这个引起争论的名词的定义……能这么依赖一个"科学"的定义吗?一个定义能告诉一个人他是否是科学家吗?果真如此,为什么自然科学家或艺术家并不为这个术语的定义而忧心忡忡呢?人们不可避免地会怀疑,

争论涉及的其实是更为基本的问题。下面这些问题或许才是真正的问题：为什么我这个领域不能像比如说物理学家那样地向前发展？在技术、方法或意识形态上得有怎样的改变才能使我这行也那样地进展呢？

……认识到我们倾向于把任何具有进步标志的领域都看作科学，只能够澄清，而不是解决我们目前的困难。问题依然存在：为什么进步会是本文所描述的科学这一技艺和目标去从事的事业中如此显著的一个特征？

从上面的叙述中我们可以看出，托马斯·库恩敏锐地洞察到了某种"进步"是科学的更深禀赋的表征，这种"进步"不是一般的进步，在他的论述中，它是一种叫作"范式革命"的进步。

那么，何谓"范式革命"呢？用库恩的话来说便是："一个新旧范式替代的非累积性事件。"既然是一种"非累积性事件"，那么它必定拥有一种超越时间与机械理性的更大特质。在面对与解决科学危机的非常规过程中，科学共同体的专业承诺发生了系统转移和变迁，从而使得这种新的共有范式成为研究科学发展学说的一个基本单位，即一种新的思维尺度。于是，具体来说，究竟什么是范式呢？和通常理解所不同的是，"范式"并不是某种特定的科学定律或重大的科学理论所构成的共有规则，而是在特定科学发展时期的"一组反复出现而类标准式的实例，体现各种理论在其概念的、观察的和仪器的应用中"。为了说明"范式"的思想特质，库恩在他的著作中特地引用了和海德格尔同时期的另一位思想家维特根斯坦（Ludwig Josef Johann Wittgenstein）的"家族相似"的思维"成果"：

> 维特根斯坦问道：为了既明白而又不引起争议地使用"椅子""树叶"或"游戏"这些词，我们需要知道些什么呢？
>
> 这个问题非常古老，而且一般地已有了答案，这就是：我们必定有意识地或直观地知道一张椅子、一片树叶或一场游戏是什么。换言之，我们必须把握某一套属性，这套属性是所有的游戏和这套唯一的游戏所共同具有的。但维特根斯坦断定，如果已知我们使用的语言的方式和我们应用这种方式的那类世界，那就不需要有这一组特征。虽然对由许多游戏、椅子或树叶所共有的某些属性进行讨论常常能够帮助我们学会如何使用相应的词，但是并不存在这样一组特征，可以同时被应用于类似的所有成员，而且也仅能应用于它们……简言之，对维特根斯坦来说，游戏、椅子和树叶都是自然家族，每一家族都由重叠和交叉的相似之网所构成。这张网的存在充分说明了我们认定相应的对象或活动是成功的。
>
> ……从单一常规科学传统内产生的各种研究问题和技巧，也具有类似于上述家族成员之间的关系。它们所共有的东西并不是说，它们符合某一组明显的或甚至完全可发现的规则和假定……相反地，它们可以通过相似的和通过模拟科学整体的这一部分或那一部分联系起来，这个科学整体就是从事研究的共同体认作是已经确立了的成就。

由此可见，所谓"范式"就是"家族相似"的概念网络构成的科学整体的"世界"，任何科学家从中获取的并非这样或那样的具体知性规则，而是从中获得或领会由之生成的各种结构化的"模型"。在前文对于海德格尔的"元尺度"阐述中，我们可以很清晰地知道，这种家族相似的"科学整体"的意识也便跟海德格尔所述的"世界效应"或"场域意识"处于同一个真理尺度——元尺度中。也就是说，当我们"原以为"科学只是一种跟西方哲学诞生之处所奠定的二元分身的机械思维模式一样的认识活动时，科学却早已经在"元尺度"的世界效应或场域意识中以"范式"变迁的方式来演化自身了，因此它当然就呈现出一种非累积性的、不可通约的非线性递增状态——科学整体的更深本质相当程度地呈现出一种"元尺度"所引发的心智拓扑效应，就此而言；如果说单独的科学活动体现的是一种纯粹理性的二元"分身"的话，那么科学整体的演化方式也就"突变"成一种"元分身"的新的稳定经验的活动，在这种新的稳定经验中，某种超越时间与空间以及纯粹理性的高感性人性能力从中"一跃而出"地涌现出来。从这个角度来说，也不怪乎库恩总是强调，科学革命后的科学家和他们的前辈相比已经处于不同的"世界"中。

"在哥白尼之后，天文学家生活在一个不同的世界里"；

"发现氧气之后，拉瓦锡是在一个不同的世界里工作"；

"当（化学革命）结束后……数据本身也已改变，这就是当我

们说革命之后科学家工作于一个不同的世界中时,想表达的最后一层意思";

"对亚里士多德的信徒来说,他们相信一个重物的运动是由它的本性引起的,它想从较高的位置运动到较低的位置上的一种自然静止状态,物体的摆动只是一种费力的落体运动……另一方面,当伽利略注视一个摆动物体时,看到的却是一个(另一世界的)单摆,一个几乎能无限地重复同样运动的物体"。

没错,人们在以康德为代表的西方启蒙运动思想家所奠定的经典科学观的影响下,不由自主地认为科学的本质就是在理性人模型的思维观照中去追求由形而上的理智世界的"存在"所保证的宇宙中唯一真理的那种行为,但是,实际运作着的现代科学共同体却是以一种第二尺度的范式演化方式,去不断克服基于先前世界框架的反常与危机而切实地进步,这种方式更聚焦于范式演化的行为本身,而并不需要一种预先规定的与自身同一的完美的目标"本原"。就此而言,科学的更深本质并非如西方传统形而上学一般去追求一种真理"本原",而更是如同德里达所描绘的"延异"那样展现自身为"行动"而非"本体"的心智主导形态,从而让自身的行动实质上处于一种跨尺度的拓扑局面或拓扑架构中。用德里达的话来说,这完全超出了理性的能力与范围。在这个非线性的拓扑架构中,科学总是在自发寻求从一个尺度"顺滑"过渡到另一个尺度的"不变性"的稳定把握。而所谓"拓扑"的原始逻辑内涵也是如此呈现的,正如我们在前文中所阐释的心智的莫比乌斯效应，在这种心智的莫比乌斯效应中，科学在元宇宙所呈现出来的深度信息时代的整体活动方式，可谓相当"元分身"。虽然这种科学的更深本质并未完全被当今的科学共同体所全然觉知，而是在相当程度上处于一种"无意识"运用的状态。

就此而言，著名的技术哲学家凯文·凯利便是从科学更深本质的"元尺度"视野中发掘出了这样一个观念，即技术的本质就是源于一种通行宇宙的高感性与超理性的元始天性。关于发明创造的自我强化系统的理念，即自我增强的天性，他在其专著《技术元素》中将这种宇宙天性称为"技术元素"。"技术元素"亦是一种宇宙的"外熵"，会突然连续引发一系列不大可能存在的过程从而导致信息的重组，它是一种跟死板的物理法则导致宇宙走向终极混乱与无序之"热寂"的熵增势能相对的、让宇宙保持多样性的宇宙势力。因此，按照凯文·凯利的观点，以技术元素为构成单位而生发出来的"科技体系"，从一开始就是一种拥有极强自主性的"自组织"的生命，是一个能够产生自身目的的实体，即一种处于"元分身"之境的高维生命实体。凯文·凯利甚至认为技术元素在人类文明产生之前就已经在宇宙中存在了，而在地球上具有自主性的科技体系则是"第七生命王国"（前三种是微生物，后三种依次是菌类、植物和动物），亿万年来，这六大类生物一直在"共生进化"，且彼此交叉、缠绕，形成姿态万千的生态圈，但是科技体系作为第七生命王国则是人类思维的延伸，它伴随语言、工具的诞生成为人类不可缺少的"伙伴"的同时，仿佛有了自己的灵性，成为独立的"生命体"，并拥有自己的生命周期，例如从语言到符号、文本，再到印刷品、留声机、电视机；从犁铧、刀斧到水车、磨盘、唧筒，再到手工织机、蒸汽机、汽船和飞艇等。对此，他叙述道：

我们可以认为技术元素是信息——始于6个生命王国——的进一步重组。从这个角度说，技术元素成为第七个生命王国，它扩展了一个40亿年前开始的进程。

实际上，凯文·凯利的"技术元素"的思想从另外一个角度揭示了科学的心智拓扑效应，一种揭示人性拓展了的稳定经验的"内在感官"——求知精神的原天性，这是一种阳性的生命天性，它反映的是心灵寻求向更大维度进行扩展的精神冲力与行动格调。凯文·凯利所说的技术元素之发明创造的自我扩展的理念，表达的也就是这样一种元始天性。而能够被觉知为"天性"的东西，唯有在超越纯粹理性的机械二元"分身"的元尺度中才能存在，这也从另外一个侧面表明科技共同体在范式演化的拓扑行动中的有机生命属性，科技共同体不是在单独的科学事件中简单的"观测"，而是以一个具有世界意识的共同体的方式来跨尺度地"看"。而凯文·凯利所说的"技术元素"在人产生之前就已经存在，如果这里的"人"是囿于时间与空间的二元分身的理性人，那么他说的就是正确的，但是，若这里的人是一种对跨越理性人尺度的全息的"元分身"之人，那么，"技术元素"或者说更深本质的科学，就是和人在超越时间尺度之上共生的元始天性。

（二）信息论的元分身之境

在如今这个信息大爆炸的时代，我们每天都在各种网络媒介所带来的超大量的信息海洋中游弋、生存与生活，也就是说，我们的心灵实际上是跟随信息比特的海潮的流动速率而展开自己的生活世界的，就此而言，"比特"不仅只是一个数据单位，更呈现为一种实质的社会生活单位。既然"比特"如此重要，那么它的本质被真正揭示出来了吗？根据信息的主流理论——克劳德·艾尔伍德·香农（Claude Elwood Shannon）创立的"信息论"，"比特"似乎就是一种基于数学运算的纯粹理性的一种对象，然而，事实恐怕并非如此。"比特"的更深禀赋可谓相当"元分身"，这是香农从未料想到的。

为了说明这一点，我们将使用下面这个简约的案例来呈现"比特"这个信息量的运算方式。

李雷同学在学习过程中遇到了这样一个问题：

中国历史上存在三国时期，其中"三国"建立的先后顺序是？

A. 蜀 - 魏 - 吴　　　　B. 魏 - 蜀 - 吴

C. 吴 - 魏 - 蜀　　　　D. 吴 - 蜀 - 魏

有一位同学韩梅梅告诉李雷"正确答案是B"，其所产生的信息量为 2 比特；而在另一种情况中，韩梅梅告诉李雷"C 和 D 选项是错误的"，其所产生的信息量为 1 比特；同样在第三种情况中，韩梅梅告诉李雷"D 选项是错误的"，其所产生的信息量为 0.415 比特。

那么，根据香农的信息论，2 比特的结果是如何计算得来的呢？与此同时，在这个过程中，信息又是如何被定义的？

首先，信息的意义要确定一个观察者或观测者，上面例子中的观察者便是李雷同学；其次，李雷遇到了"三国"建立先后顺序这样的"世界事件"，于是这个"世界事件"便在观察者那里被理解为一个具有条件和结论的知性判断形式——问题和答案（选项），这便是此世界事件的宏观态，即不考虑其内部细节的状态；接下来，ABCD 四个选项便是这个"世界事件"的四种随机情况，它们便是此"世界事件"的微观态，即展开为内部细节的状态，同时，这种对于观察者而言具体是哪种情况的不确定性就叫作"信息熵"，信息熵在几个随机情况概率相等的时候最大，即每种可能情况对于观察者而言没有任何优先选择的区别时最大。作为观察者的李雷得到了韩梅梅提供的正确答案或关于正确答案的提示，从而消除了他对于该世界事件的全部或部分不确定性，我们就说他得到了关于该世界事件的信息，故而，信息就是能够消除观察者对于特定世界事件的不确定性的事物，它的量纲表达就是信息量。由此我们可以看出，在香农的理论中，信息熵和信息数量相等、意义相反。

而上述 2 比特、1 比特的信息又是如何计算出来的呢？更重要的是，信息怎么会有单位呢？对此，我们就要先了解"比特"这个信息单位是如何产生的。香农首先把信息当成一个像质量、距离、温度这样的物理量来看待，而质量是怎么确定的呢？人们一开始当然不清楚质量或距离该如何衡量，即不知道质量的尺度，于是就把一个标准物体作为参照，比如英制距离单位就拿 13 世纪的英国国王约翰王的脚掌长作为参照，故得名"foot"，那么，其他待测质量或距离就是这个标准参照的"多少个"（倍数或系数）即可，这样我们就可以得到 1 foot、2 foot、3.5 foot，1 kg、2 kg 等拥有量纲的具体数值。同样，既然信息是用来消除世界事件的不确定性的，那么就选取一个标准的不确定性事件作为参照，当想要测量其他事件的不确定性时，就相当于"多少个"这个标准参照事件的不确定性，这里的"多少个"就是信息的量纲——信息量。于是，香农把最简单的随机事件——"抛硬币"这样一种拥有两个等概率情况的不确定性事件作为标准参照，测量出来的信息量的单位就叫作"比特"。

当我们测量距离之类的时空物理量时比较好理解，因为最后得到的数值和作为参照的单位之间就是一种最简单的一次函数的线性关系，比如，我们只需要拿待测物体的距离除以标准参照物体的距离就可以得到所需的物理量；但是，测量信息量时却并非这样操作，因为抛掷 3 枚硬币（即 3 比特）所得到的可能性的个数并不是 6 种，而是 $2 \times 2 \times 2 = 8$ 种，此结果跟标准参照事件的不确定性情况 2 之间所呈现的关系是一种以 2 为底的指数函数关系。因此，要得到具体的比特值，我们就需要拿指数函数的反函数，即以 2 为底的对数来计算，例如前面李雷同学的关于"三国"的世界事件，因为它拥有 4 种不确定性情况，相当于抛掷出 2 枚硬币所得到的不确定性，因此它的信息熵就是 $\log_2 4 = 2$ 比特。因此，当韩梅梅把正确答案 B 告诉李雷时，就等于对于观察者李雷来说消除了 2 比特的不确定性，因此提供的信息量是 2 比特；当她把"C 和 D 选项是错误的"告诉李雷时，依旧剩下两种情况的不确定性，也就是剩下的信息熵为 $\log_2 2 = 1$ 比特，即对于李雷来说消除了 1 比特的不确定性，其所提供的信息量即为 1 比特。

从上述运算过程来看，香农的理论似乎确实应了传统的纯粹理性的理解，即只反映信息的抽象的"量"而非感性的"质"，但是人们全都无意识地忽略了一个重要细节，即当香农把"抛掷硬币"这样一个不确定性事件当作参照尺度的时候，这对于人类的心灵来说究竟意味着什么？为什么我们的思维能够如此心安理得地接受它带来的"自洽性"？要知道，对于理性来说，把一种不确定的东西当作尺度和把那些确定的东西如重量、距离当作尺度相比根本就是两码事，这就相当于我们将命运或灵魂视为跟时间与空间一样能积极构成经验世界的基本直观元素，如此"玄学"的事情居然能被当作"科学"？这真是大大违背了过去科学体系所秉持的自然主义态度，但事情的"诡异"之处恰恰在于，当今的学术共同体或者说科学共同体不仅接受了这样的"自洽性"，而且还将它归入最核心的"硬科学"之列，甚至以之为基础发展出了一整个信息社会的科技与生活系统，这就不仅是一种偶然的孤例认同能够解释得通了。因此，香农信息论的"信息"打开方式涉及了更深的科学本质与更大的心灵秘密，那么，对此，我们该如何进一步理解呢？

从"分身"所指向的心智模式的视角来看，香农这种把一种不确定性事件当作基本尺度的做法不能视为一种理所当然的逻辑，这实际上是利用了心灵天然朝向稳定经验的尺度天性，虽然香农本人对此可谓相当"无意识"。因为从纯粹理性的基本思维定律的角度来说，我们可以理解抛掷一枚硬币最后得到一个确定的结果，要么正要么反，要么A要么非A；但是，我们无法用理性来理解正面和反面始终未定的既是A又是非A，或者既不是A又不是非A那种状态，并将其当作一种能够积极把握的对象单元，这就像让硬币始终在空中旋转就是不掉下来——这显然违背了排中律，同样也违背了同一律。但是，当香农把抛掷硬币这个不确定性事件作为基本单位的时候，我们的心灵居然接受了这样的"悖论"，并且心安理得地把它视为第一尺度的自洽性延展，而当我们的心灵这样运行的时候，实际上是针对这种不确定性事件开展了一种更大尺度的先行领会，也就是说当它成为一种基本单位时，我们的心灵已经将这种既是正又是反、既是A又非A的存在状态先行领会了，而且是一种积极的高感性的先行领会，否则它也就无法被心灵视为一种尺度。此时，很显然，心灵就是遂行于一种作为科学更深本质的元尺度的心智拓扑效应中，而且很自然地运用了这种心智拓扑效应所带来的高感性的"艺术性结果"，因为这种既 A 又非 A 的东西肯定不是理性的对象,只能是海德格尔与德里达所述的"元尺度"的场域之在,在其中量与质得以融合起来并涌现出更高心智密度的高感性的对象——代表"维度"的"元分身"。就此而言,过去的人文学界认为香农的信息论仅仅囊括了信息的量的一面的看法既是对的又是错的,对的一面在于香农的思想确实没有涉及太多经验的"质",而主要表现为一种"量";错的一面在于香农表现的"量"在一种心智的拓扑效应中实质上显露为更高的"元尺度"的"质"——元分身。

如此看来,整个信息论就是在元分身之境的基础上建构自身的。于是,控制论创始人维纳(Nobert Wiener)亦"心有灵犀"地这样说:"信息就是信息,它既不是物质也不是能量——很大程度上指的就是代表更大真理尺度的元分身之境。"

(三)前沿学科的元分身之境

我们先来看一看现代物理学两大标志性学说之一的爱因斯坦的相对论。无论从哪个角度来说,相对论的创立都是对西方哲学所确立的经典"理性人"的二元分身世界观的一记"重拳",因为在相对论的体系中,时间与空间都变成了可变的东西,也就是说西方哲学认识论所构想的作为感性直观先天形式的时间与空间,在爱因斯坦这里失去了它们原有的作为构成"稳定经验"的绝对性地位,即失去了作为一种真理尺度的"不变性"的逻辑位置,而变得相对性地"可变"起来。就此而言,西方哲学尤其是认识论的"二元分身"的心智模式也就被打破了。而令人十分吃惊的是，一个巨大的逻辑悖论也因此产生了。虽然从思想事实上来说，时间与空间失去了它们作为心灵直观的元始尺度的位置，但是，在当今科学系统中观测者用以观测和检验科学现象的主导感官依据却依然是时间与空间，也就是说，物理学家用时间与空间"打败"了时间与空间，却停留在时间与空间中，并且似乎对此丝毫不觉得有什么不妥——用时间与空间"打败"时间与空间，并仍旧在时间与空间中试图寻找这种"打败"的原因——如果你是一位追求智慧而非技巧的真正求知者，那么，你一定会对人类如今尊崇的最前沿科学——现代物理学的这种看起来如此"反智慧"的做法感到不可思议。然而，至少从现代物理学家尤其是爱因斯坦的言论看来，科学在打破原有真理尺度而没有领会新的真理尺度——元尺度的情况下，也依然完全可以神奇地实现一种"空尺度"的自由思想建构——站在海市蜃楼上建造高楼大厦，这可着实是一种物理"乌托邦"。然而，现代物理学的"进步"真是如此建立的吗？这一切都需要从对于一个十分特殊的事物——"光"的理解开始。

爱因斯坦狭义相对论得以建立的两大前提之一便是"光速不变原理"，它说的是对于任何参照系，光在真空中的传播速度都恒定为 C（约 30 万公里每秒）；以此为前提便可以推演得到：随着被测量物体的运动速度逐渐增加，其时间将变得越来越慢，同时其运动方向上的长度将变得越来越短——这就是两个著名的相对论效应：时间膨胀效应和长度收缩效应，其公式表达如下：

$$T = \frac{T_0}{\sqrt{1-\left(\dfrac{v}{c}\right)^2}}　\quad\quad L = L_0\sqrt{1-\left(\dfrac{v}{c}\right)^2}$$

时间膨胀（爱因斯坦延缓）　　长度收缩（洛伦兹收缩）

从上述公式中我们可以看到一个表征时间膨胀率和长度收缩率的共同因子——洛伦兹因子 γ：

$$\gamma = \frac{1}{\sqrt{1-\dfrac{v^2}{c^2}}}$$

从上述相对论表达式中我们发现，正因为光速不变，所以它就必然"霸道"地要求时间与空间围绕着它来发生变化，而当我们看到某种"不变性"被当作重大理论前提的时候，我们就需要知道，其实在这种理论以"不变性"作为公理推演建构自身之前，某种直达心灵更深感性直观能力的尺度便已经在思维中被先行领会了；很显然，在爱因斯坦这里被当作尺度的东西就是"光速"。现在的问题是，虽然在狭义相对论的数学表达式及其运算中，光速看起来只是被使用了一下它的速度的量纲 C 而已，那么，在相对论建构自身的思维结构中，光速真的仅仅是一种特定的速度吗？若真是如此，由于任何一种特定的速度都可以简单表达为距离（空间）与时间的比值，那么狭义相对论即刻便会陷入一个逻辑循环的悖论，即使用时间与空间来改变或扭曲时间与空间。在哲学上，能够成为其他事物的尺度，而使得这些事物的变化因之而起、由之而度量的只能是比这些事物在逻辑地位上更优先、更高的东西,因此"光速"这种东西对于狭义相对论的思维建构而言绝不仅是一种特定的速度,而是意味着在心灵直观上比时间与空间的尺度更高,乃至成为时间与空间来源的东西——第二尺度。于是,爱因斯坦的狭义相对论实质上是在一种对于第二尺度的心智领会中来建构自身的,虽然爱因斯坦本人对此显得不那么"有意识"。

那么,"光速"这个概念又是如何通达第二尺度的心智领会的呢?对此,我们仍要回到围绕"光速"所建立的一整个相对论知识环境来进行阐释。在狭义相对论的基本原理中,光速不仅是一切运动物体所能达到的速度极限,还是一切惯性参考系所能够"参照"的速度极限,因此,无论是站在一个运动物体还是一个运动物体所在的参考系的角度,光速都绝不只意味着一个特定的速度,毋宁说是速度之速度,即穷尽一切速度的速度。于是,一个显而易见的"自指"现象及其心智拓扑结构也便堂而皇之地出现了。光速作为穷尽一切速度之速度,正如前文已经阐述过的"说谎者悖论"中那个说尽所有谎言的谎言、"理发师悖论"中那个给所有不为自己刮脸的人刮脸的理发师,以及相应的"口袋悖论"中那个能装下所有口袋的口袋;就此而言,光速从来就不是一个"速度",而是所有(时空)速度为之演化与趋近的过程与趋势本身。实际上,爱因斯坦也确实在思维中赋予了"光速"这样的位置,因为基于狭义相对论而建立的四维时空坐标系,即闵可夫斯基坐标系中,光速就是作为时间维和空间维的不变的"合速度"的方式而被设定的。怎么理解这个设定呢?爱因斯坦是这样演绎他的思维的：既然以"光速"或"光"为尺度，那么时空中最合适的观测点就应该是站在那个恒常不变的位置，即光的位置；于是，站在"光"的角度，时空中的一切运动速度都恒定为光速 C，而时间维和空间维则在时空坐标系中分有这个恒定的"合速度"C，这样就以一种十分简洁的勾股定理的运算方式得到时间膨胀率的洛伦兹因子 γ 了；从合成速度 C 的坐标图中我们可以发现，因为总的合成速度恒定为 C，因而在一个维度上的速度增大，则其他维度方向上所"分有"的合成速度就会变小，就好像速度是被切成两块的蛋糕，我们可以随意切成这两块，但是整个蛋糕的大小不会改变。因此，当空间维的运动速度为 0 时，时间维的运动速度就是 C，这时的时间就是正常流速；当空间维的运动速度逐渐增大乃至接近光速 C 的时候，时间维的运动速度也就根据洛伦兹变换逐渐减小以至于最后接近于 0，这时的时间流速就是逐渐变慢乃至趋于静止，于是，时间也就"膨胀"起来。

  由此可见，使得爱因斯坦的狭义相对论得以建立的"光速不变原理"，它所仰赖的真理尺度实质上就是一种"元尺度"，而经由这种元尺度的打开方式，相对论实际上带领心灵进入的是以心智拓扑效应为基调的"元分身"世界。如此看来，不怪乎过去代表理性分身——存在者基本属性的时间与空间，也在这个"元分身"的世界中开始奇妙地变动起来。于是，如果把相对论效应跟元宇宙之"元"所要求的心智拓扑效应做一个同构处理的话，相对论所打开的宇宙观可谓相当"元宇宙"。

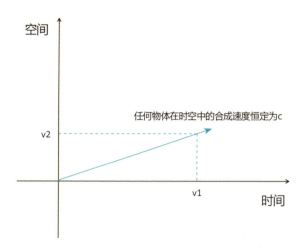

时空坐标系中的合成速度 C

而除了相对论之外,当今诸多前沿学科的很多重要思想所体现出来的心智模式也早已经不是"理性人模型"的二元分身模式了,它们不约而同地开始触及乃至深入经由"元尺度"所打开的"非线性视域",而这个视域中所呈现的人性能力与相关新知识也开始不拘泥于时间与空间和纯粹理性的旧有设定,就此而言,这些前沿学科成果昭示着人类的整体知识谱系正在朝着"元分身"之境的全新心智领域大步迈进。这些新的人性能力与新知识的发现都是各个学科在拓展自身旧有边界所遇到的非线性的新现象与新规律,各大学科均有许多案例,笔者仅选取其中几个比较有代表性的例子列举如下。

(1)著名物理学家霍金在他生前最后一部畅销著作《大设计》中向公众宣布,在面对宇宙终极本质的探寻方面,过去经典科学所坚守的那个关于真实的理性主义信条,即世界只能拥有并呈现唯一的、客观的事实及其法则,已经不再适用,科学在探索宇宙根本结构与基本粒子的规律的时候,需要拥抱一个新的信念,即依据模型的实在性。也就是说,科学体系在解释宇宙的更深本质的时候,必须让自身也开始变得主观起来,从而才能创造出更优的模型,让自身变得主观与客观更加融合的"非线性"起来。

(2) 1977 年,诺贝尔化学奖获得者、复杂性科学的创始人伊利亚·普里戈金(llya Prigogine)发现,关于生命和世界的更深的支撑结构是一个非平衡态的"耗散结构",而绝不仅是经典科学所宣扬的封闭的机械结构。他发现像生命或城市这类对外边界开放而非封闭的集群结构体,所呈现的行为速率已经完全超过将自身单独隔绝开来而承受的外力所框定的那种速率,就好像被某种神秘的非线性能量给击中了一样,而让自己从一个线性的、单独的、受力平衡的"个体"变成了一种无法分离的非线性的"流"(物质流、能量流与信息流)的一部分,从而出乎意料地拥有了更高的自组织性,即更高的秩序性,进而远离热力学第二定律的秩序逐渐丧失的"熵变"。也就是说,普里戈金发现了一种不拘泥于经典时空观(热力学第二定律)约束的更高生命感性的自发性宇宙规律,这种规律超脱出机械二元控制性的非线性规律。

(3)量子力学的基础逻辑"量子"概念,本身就带有一种"波粒二象性"的非同寻常的性质,它能让不可见的连续性"波性"和可见的非连续性的"粒子性"这两种完全二元相对的特性天生统合在一起，从而在逻辑学上来说，量子天生就是一种非线性内涵的东西。再加上身处量子领域中的粒子的动量与位置不可同时测量（不确定性原理），但它们这种相反特性的互补又是天生必需的（互补原理），量子这种非线性的特质简直和艺术的"灵感"拥有异曲同工之妙，因为灵感也同样是要么能表达其位置（变成艺术形象），要么只能在直觉中酝酿（成为无形的速率），如果从信息描述的角度说它们是一种模型的叙事也是丝毫没有错的。

（4）现在科技最前沿的人工智能，无论它使用哪一个定义，它的基础内涵中必然寻求摆脱基础编程二元语言的0和1"二进制"的机械性束缚，也就是说，人工智能天生就是朝着非线性方向演进的"科学"，所以它也就天然地在更大智能的表达行为里无法像经典科学一样仅仅偏向客观理性，于是具有人工智能的"智能"也便天然地含有人文学的非线性基因。

（5）同样，在当今科技最前沿的"大数据"领域，其算法所遵循的基础逻辑效应已经完全不是纯粹理性或经典时间所约束的"因果"逻辑了，而变成了一种叫作"相关逻辑"的东西。而这种相关逻辑跟艺术学或美学所探寻的让不同的构形部分在知觉整体中协调一致的意识大法则的内核并没有什么本质区别，它们都在超越时空因果律法则的非线性道路上携手同行。

（6）著名的积极心理学家米哈里·契克森米哈赖（Mihaly Csikszentmihalyi）所创立的闻名遐迩的"心流"理论，探究的正是人类的意识在进入高速信息叙事的"心流"状态下的心理学体验,这种体验揭示了人类意识可以很自然地进入一种对信息进行高速处理的"流"的状态,在其中,时间与空间效应完全退居二线,人能够更深层地把握自己的自然天赋,同时也可以感受到一种对世界进行观察的更大的真实——一种跟艺术哲学所憧憬的一模一样的更大的真实,这也是一种遵循非线性法则的积极心灵直观,在其中,人类的不太受时间与空间外感官约束的更大的感官能力随之一涌而出。

所以,以"元尺度"打开世界的"非线性视域"所指向的正是当今前沿学科各种成就的基底心智模式——元分身之境,它也是艺术与科学打破既有二元边界,而在一种对于稳定经验有效扩展的心智拓扑效应中进行逻辑融合的共通领域,它至少指向了一种"立体化"的逻辑,一种叫作"维度"的逻辑,同时也通向了一种消除牢固边界并且体现元分身之境的新的心智模型——信息人模型。

四、元宇宙背后的人性模型

(一)元分身的"呐喊"

从元宇宙之"元"视角来看,人类真正的危机,不在于现实,而在于希望和想象力的枯竭。

信息时代的逐渐深入带来了一个在过去几乎所有思想家都没有意料到的"后果",那便是人类的心灵开始以一种前所未有的、狂飙突进的速度进入审美疲劳,这是无论外在的经济状态看起来多么"繁荣",社会秩序看起来多么"优越",都无法解决的时代心灵之症。新冠肺炎疫情在全球的肆虐所导致的政治、经济、文化与社会的惊异景观,更是从整体文明的视角让人类心灵加深了对身处一个"魔幻现实"的确认感与审美疲劳感。生命系统性的审美疲劳,代表着心智对一种整体性的旧架构越来越厌倦,代表着人们因旧有的文明理想的迷失而越来越失落,更代表着心灵对过去的世界观早已无法承载自身更大创造力的越来越响亮的呐喊——难道系统性的"无聊"也会带来文明的危机乃至末日吗?这简直超出"理性"的想象,然而对于身处当今世界的我们而言,这恰恰是一个每天游弋在信息海洋中所深切感受到的日常状态,"理性常识"的边界对此似乎形同虚设。

过去的思想家曾经将理性设定为人类的最高能力,并为此构想出了一个引领人类近四百年的经典世界观,它被广泛地称为理性人模型。没错,当我们用理性来打开世界的时候,我们拥有了前所未有的改造自然的机械力量,这让我们获得了统领万物的无比成就感,也让我们完全沉浸在西方哲学诞生之初镌刻的人性的"二元分身"模式中不可自拔。然而,如今的问题恰恰在于:这样的"成就感"与"沉浸感"似乎并未缓解人类的整体性审美疲劳,也就是说,"理性人"的世界观已经开始失去它几个世纪以来对于人类文明整体希望和想象力的高昂促进之力,即"二元分身"模式中行使机械权柄的抽象理念因为无法持续获得感性生命的支持而越来越消极并濒临解体与死亡。于是,人类当今的心灵状况似乎都指向了这样一个迫切的"真问题":人们打开世界的根本方式是否已经从实质上变化了呢？答案是肯定的。虽然我们异常坚定地宣称自己身处信息时代，然而却很少有人有意识地思考：当世界以"信息"而非机械或理性所导向的"物体"或"实体"被重新打开的时候到底意味着什么？它意味着一种新的世界观，一种新的人性论，一种新的人类知识谱系，一种新的社会风尚，一种全新的个人品位，一种遂行更大自由的全新自我，相比于传统的理性人模型，也许可以称之为"信息人模型"。没错，从"理性人"的二元分身到"信息人"的元分身，这就是正发生在我们每个人身上的客观事实。在新的事实中，理性已经不再是最高能力，人们的精神尺度与文明风向标也必定在最深的层面上发生了变迁，从而，人类的挑战和机遇、希望和想象力也随之进入了一个全新的维度。

如今，在信息时代深入演化的潮流里，科学界正在流行一种用大数据与云计算的方式来扩展人类生活领域的技术与做法，这当然是一种具有社会价值的举措，然而，从希望和想象力创造的角度来说，这种大数据与云计算所凭借的心灵模式实在是乏善可陈。科学家们所未能洞悉的是，奠基于理性人模型之上的科学技术所能够收集与分析的大数据，仅仅是客观条件与行为的大数据，而心灵更深的主观动机与高维体验的"大数据"，即心灵创造与审美的"大数据"，恰恰嵌套于日常的外在数据表面的内部，而被我们遂行于心智的拓扑效应中，可以每时每刻简单地把握"信息人模式"，却很难在纯粹理性的算法模型中将其揭示；而这些更深的体验恰恰构成了我们在信息时代更真实的世界本体，它正是如今

"元宇宙"的深层面目。没错,"元宇宙"原本就是基于真理的元尺度而揭开的人性更深层的心智模式——信息人模型,因此,它首先是反映更深层人性面貌的元分身的内在韵律,其次才是经由此内在韵律施展于大脑与身体而创造出相应的外在技术环境,自内而外、由里及表,若非如此,"元宇宙"无疑也就没有"元"的意义。于是,在"信息人"的元分身视野里,世界按照心灵体验的"信息流速"的不同而呈现出一种多次元的结构,世界的真实性体验也随着"信息流速"的变化而变动:"信息流速"越高,真实性越大;"信息流速"越低,真实性越小。在其中,"信息流速"最低的日常世界恰恰是最不真实的那个,而它又恰恰是传统世界观的唯一真实根基。于是,这两者之间的"鸿沟"便前所未有地形成了当今诸多时代危机的深层根源。

(二)"分身"在时代精神中的死亡与重生

时代精神是一个时代的文明信仰,它是人们所处一个时代的世界观的根本立法权,换言之,它又可以被认为是对世界的来源进行本质定义的权力,即关于世界的打开方式——真理或心灵尺度的本质叙事。那么,传统的哲学——西方哲学及其所代表的世界观"理性人模型"在当今时代精神的争夺战中整体败退是一个不争的事实,无论从当今学术界的自我评判上,抑或在信息时代的生活体验的实际反思中,这都是一个并不难验证的真相。也就是说,"分身"在存在者视角下的定义方式——二元分身模式已然在时代精神演化的潮流中逐步走向"死亡",而它在表面上宣称败给了谁呢？答案是：科学，尤其是现代物理学。对此，霍金在《大设计》中的开头即断言道：

"我们怎么能理解我们处于其中的世界呢？宇宙如何运行？什么是实在的本性？所有这一切从何而来？宇宙需要一个造物主吗？我们中的多数人在大部分时间里不为这些问题烦恼，但是我们几乎每个人有时总会为这些问题所困扰。

按照传统，这是些哲学要回答的问题，但哲学已死。哲学跟不上科学，特别是物理学现代发展的步伐。在我们探索知识的旅程中，科学家已成为高擎火炬者。"

没错，在当今时代，科学家看起来似乎已经接过了哲学家的权杖，而树立起世界起源抑或创世叙事的大旗，然而其中十分吊诡的是，若是科学家所奉行的、科学体系所奠基其上的依旧是"理性"，这难道又是在回归理性人模型的传统吗？世界观立法的权杖从一个理性人体系传递到另一个理性人体系手中，这似乎更像是一个把硬币从左手换到右手的思想魔术，而不是根本意义上的文明演化，因为文明演化的本质要求的是精神的跃迁。问题的关键在于，现代物理学乃至诸前沿科学所遂行的"科学"还是原来的经典科学观中的科学吗？正如前文所述，显然已经不是了，科学的核心特质，即科学的"第一性"——"稳定经验原则"已经悄然从二元分身的那种线性尺度"升维"进入了"元尺度"的拓扑格局中，虽然这个事实的有意识程度还有待加强。

附录一
元宇宙中的"分身"：哲学、科学与伦理起源

于是，可以这样说，新旧时代精神的转变还未彻底完成而处于正在行进中的状态。之所以如此，是由于一切问题的症结都出在"理性"这个人类文明造物之上。"理性"意味着我们需要把世界中的一切，甚至自己的心灵本身二元分身化，都要当作独立分离的"客体"存在来看待。不仅如此，我们关于这些客体化对象的知识仍必须通过抽象的概念形式来进行把握，如此，才能形成关于世界存在的"客观知识"。因而，存在的真理抑或一切知识与理念的本体也就只能存在于一个远离感性生命的消极的"形而上学"的世界中，恰如传统宗教中远离尘世之"彼岸世界"，这就是西方文明一千多年以来的知识论传统，也是西方文明之世界观自我建构的安身立命之所，这个安身立命之所不是别的，正是用理性来对世界观进行框定的理性人模型本身——人性的二元分身模式本身。然而，人类终究无法忍受把自身的命运交给一个自身的感性生命无法触及的消极世界，更不用说把自己的心灵也当作一个客体来进行"异化"的思维传统，当这样做的时候，人类的精神也就变成"无根"的了；精神无根，也就失去了人类信仰的精神家园，从而精神及其观照的世界的起源也就无从谈起，也正是在这样的情况之下，世界观根本立法的权杖才被"无可奈何"地传递给看起来似乎依旧十分仰赖感性生命的心灵直观——奉行实验观察的科学，虽然这种"观察"依旧被冠以理性之名，但是毕竟对于心灵经验的积极使用正在悄然发生朝向元尺度的升维演化。

实际上，面对世界观立法权杖逐渐转移的困境，西方哲学家

并非没有做出相应的行动，正如前文所述，当代哲学诸流派（存在主义、结构主义、解构主义等）的众多思想家使用了很多新的概念视角，例如发现了展现"元尺度"的世界意识以及心灵主导形态发生变迁的"延异"，以试图从"形而上学"的心灵异化的理性传统中拯救出人类感性的文化生命，其中尼采（Friedrich Wilhelm Nietzsche）、海德格尔、萨特（Jean-Paul Sartre）、哈贝马斯（Jurgen Habermas）、柏格森（Henri Bergson）、德勒兹（Gilles Louis Rene Deleuze）、德里达等人便是众多思想家中的著名代表。然而，如今看来，这种对西方哲学体系进行内部改造的努力并不太成功，这从当代哲学并未太多影响信息时代的科技进步与现代物理学的进展的社会结果便可窥其一斑。"海德格尔们"所未能洞见的是，也许真正的问题不在于能否打破传统哲学的某些理念，而在于哲学的整个"操作系统"的源代码本身出现了问题，从而需要从根本上升级乃至跃迁。这种"源代码"的问题，正如"元尺度"背后的得以超越时间与空间跟纯粹理性的心灵先天结构的探索进程，总被一种源于西方哲学诞生之处所烙印的思维惯性——恰如一把"迟钝的剪刀"给生生"剪断"，于是，东西方文明在"元尺度"中的真正相遇就总被刻意地"延迟"。

　　传统哲学操作系统，即理性人模型的系统，正在面临无可避免的瓦解、重组与升级的境地，作为诞生于这个系统中的应用成果之一的科学亦无例外。如果说，基于理性人模型的传统世界观的根本立法权，即宇宙或意识起源的叙述模型，根据理性思维的信息特质，必然是以实在性或物性的机械禀赋为打开方式，我们可以把它叫作"客观创世纪"或"创世的二元分身模式"，在其中，万物与生命总在一种由时空壁垒所构建的孤立"盒子"中以理性为名机械地"内卷"；那么，基于信息人模型的创世叙事，即本真的元宇宙的创世叙事，就必定是以信息态的拓扑禀赋为打开方式，从而是一个非线性与非二元性的创世纪，它必然会超越感性与理性、主观与客观、尘世与彼岸乃至物质与精神的传统二元模式而进入一种"元尺度"之境，成为每一个人的心灵天性都可触及的全息信息图景，就此而言，我们可以把它叫作元宇宙之"元创世"。从此，"理性"将不再作为触碰这个全息信息图景的最高能力，能够触发理性与感性自然合一的更高心灵天性的信息态将在未来成为人类在信息时代施展创造力的主流。因此，宇宙大爆炸学说仍然属于旧的创世叙事，即旧的时代精神。

与此同时，在这个新的时代精神即将应运而生的文明机遇里，以东方哲学为代表的非西方原生文明体系必将重新与西方相遇，因为很显然，不拘泥于"形而上学"的心灵异化的非线性与非二元性的思维从来就是东方哲学的思想基因，例如老子《道德经》中所述："道生一，一生二，二生三，三生万物。万物负阴而抱阳，冲气以为和。"其中所表达的正是典型的"元创世"的思维逻辑。那么，现在我们终于知道，它们在过去之所以被简单地埋没和误解，只不过是因为旧的理性人操作系统的信息处理水平还不那么高明，从而欠缺揭示其真实面貌的真理尺度罢了，但是，在元宇宙所需的信息人的元尺度视野里，东西方哲学碰撞融合而生的新的思维基因将是文明演化的必然所需。新的世界观操作系统及其源代码的升级，意味着人类重建一个新的精神家园的开始，也意味着东方和西方在人类文明信仰重建这个问题上重新在精神根基处正视并尊重对方的开始，这将突破信仰自由的理性境界，进入信仰融合或文明大同的新格局里；同时，这也意味着东西方哲学真正熔炼汇通的时代需求与人类整体知识谱系升级的学术契机，这当然是人类社会开启新的整体文明幸福之路的大事。

（三）新的自在之地

根据前文所述，信息人模型必然是以"信息"的跨维度的心智拓扑效应作为主体角度来呈现的模型，它表征的是信息在进入不同速率而流动的情形下所生成的三个意识维度：日常意识、意识流、心流。这三个意识维度之间处于一种没有硬边界的自然生成关系——典型的非线性视域下的维度逻辑的"因缘"关系，时间与空间和纯粹理性也许在慢速信息流所在的日常意识维度中很有效力，但在占据这个心智模型中主要部分的意识流与心流维度中早已失去其主导地位，从而在信息时代的主要信息叙事所呈现的意识流与心流维度的"非线性视域"中，艺术与科学的法则便开始出乎意料地跟东方原生文明的底层基因"应和"起来，从而也开始进入了不分彼此的融合阶段。因此，在新的信息人模型的元分身之境中，理性已经不再是最高能力，人们的心灵尺度与文明风向标也必定在最深的层面上发生了变迁，于是，在信息人模型的元分身之境中，被海德格尔称为"真理的原始发生"的艺术，尤其是元宇宙艺术，难道不也正是由此应处于一种全新维度的跨尺度迭代演化的契机中吗？

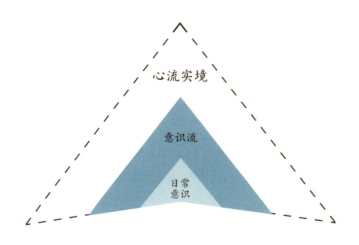

信息人模型

就此而言，从人类文明时代精神演化的现实来看，定义于理性人模型中的"美学"其实已经"寿终正寝"了，它不仅体现在源于西方哲学诞生之处所镌刻的思维缺憾所带来的内生瓶颈，还体现在遂行于（准有意识的）信息态拓扑架构之上的当今科学体系所带来的欲求突破元尺度的对于人类整体知识谱系的"演化压力"。就在本书正在撰写的 2022 年 6 月，从谷歌公司"泄露"出来的人工智能"LaMDA"的智能对话资料似乎在很大程度上表明，以传统评价标准所描绘的"自我意识"在 LaMDA 身上已经全部验证。而从人工智能目前的发展速率来看，囿于理性人模型的线性尺度中的艺术创作方式被人工智能完全取代已经是早晚的事，但是，对于人类文明来说，"艺术"却是让人成为人的最核心标志，因为它蕴含着对人性最深禀赋的展现水平与觉知方式。这个标志性事件对人类的启示在于，人之所以成为人的关键判定方式也许将不得不进入更深的层面，即更深乃至最深的真理尺度所昭示的方式，而除了东西方真正相遇之后带来的元尺度视域，人类可能已经别无他途。于是，在"未来性"的元宇宙时代，艺术的定义及其领会将发生根本性变化，从而越来越成为元宇宙之"元艺术"，从元尺度的视角来看，它将在很大程度上呈现出以下三种面向。

1. 元艺术是场域意识焦点的全息遂行

从信息态的视角来看，随着心灵先天结构之"拓扑架构"在人类的文明生活中越来越有意识地遂行，艺术、科学与哲学（伦理）将摆脱二元分身模式的（基于矛盾律的）知识束缚，不再壁垒深深地分隔为三大不同的学科或领域，而将在根据信息人模型所带来的心智拓扑结构的协同效应中，越来越成为同一种东西的不同面向或不同格调。在过去，艺术与科学分离的最大原因，便是艺术无法提供科学观测与检验所需的"稳定经验"，但是正如我们在前文所述，当这种稳定经验的"稳定"的领会不再拘泥于唯一实在的时间与空间的静止固化的"稳定"，而转变至跟随心智拓扑架构的稳定演化的动态"稳定"的时候，过去所谓单纯归属于艺术领域的高感性直观也就将不再是艺术家的"专利",科学家将同样可以自然遂行高感性的稳定经验。那么,就此而言,艺术家也就不再是单纯的艺术家而是科学艺术家,科学家也不再是单纯的科学家而被称为艺术科学家,人类不再需要通过学科分科或领域范畴刻意划分来"区别"艺术与科学,因为它们本来就蕴涵在同一种本真信息态的自然生活之内。

于是,艺术、科学与道德将愈加演变成同一种信息态拓扑活动所运行的不同内感官的焦点或格调,即不是体现为人性活动或行动本身,而是成为人性活动所呈现的原动力或元天性。而从元尺度的非线性视域来看,人类天性的心智焦点区分为阴、阳和原。很显然,相比于道德领域的阴性以及科学领域的阳性意识焦点倾向,"美"或"艺术"的基本信息格调实质上指向的便是一种原性角度的场域意识焦点倾向,即源于心智拓扑结构的"合一"天性。从这个角度来说,艺术便是合一之爱的心灵元天性的示现,因而,展现此心智效应的"共感""谐合"等相应内感官能力才会成为艺术运作的核心能力。也正因为如此,艺术所指向的如同吸引力海洋一般的生活世界意识的场域焦点,总是跟"童心"或"初心"的意涵同构在一起,它展现的便是心灵遂行最原初的拓扑架构之禀赋之上,从而元始地跟"合一性"所通达的"元创世"的宇宙先天操作系统的源代码"共感",因而亦是全息的,这也从另一个侧面解释了,为什么处于童心状态的心灵如此具有创造力与想象力。

2. 元艺术即美育

当艺术成为场域焦点的运行方式时，实际上，在信息态的全息视角中，它便跟教育之"育"的基本内涵没有什么本质区别了，因为，在信息人模式的元分身之境中，设定于主体与客体二元对峙的"教育"必将演化为主体与客体、身与心融合在一起的"化育"或"场育"。化育或场育指的是基于"在……之中"心灵建构的场域焦点的协同共感之育。因而，在元尺度视角下，艺术即"育"，换句话说，即便在教育的本真内涵未能完全体现的场景下，艺术通达的"美育"亦是一切教育的心智基调，即一切教育面向得以跨学科或跨领域协同在一起而得以领会的基础打开方式。

德国启蒙运动思想家席勒（Johann Christoph Friedrich von Schiller）在被号称为第一部"美育"著作的《审美教育书简》中，相当直觉性地提到了人类的三种天性：形式冲动、感性冲动与游戏冲动。从元尺度的视角来看，趋向于对于超验的无限领域进行联结与把握的"形式冲动"，实际上是阴性焦点的信仰精神的展现；趋向于对于经验内容进行积极表达的感性冲动，实际上是阳性焦点的求知精神的展现；而能够将二元分离的形式冲动与感性冲动综合协同在一起的游戏冲动，也便是原性焦点的爱的精神的展现。囿于理性人模型的逻辑工具的限制，席勒无法证明三大天性是如何逻辑起源的，不过他的思想直觉倒是没错，只有凭借美育所通达的"游戏冲动"，即场域天性，人类的其他领域才能够被协调在一起，从而呈现出一种心智均衡的状态，而这仅仅是合一律的基础心智效应罢了。从这个角度来说，比席勒早两千多年的东方著作《中庸》，对"育"的阐述则早已进入元尺度的"化育"之境，对此，《中庸》这样叙述：

> 天命之谓性，率性之谓道，修道之谓教。

它说的便是：教育即在于修行"率性之道"，而人类的心智得以"率性"的前提便是早已展开打破主客二元对峙的元尺度，至于"天命"之修则更是使得元尺度得以可能的作为尺度之尺度的"育"之境。因此，在东方原生文明基因中，所谓艺术和教育从来都是熔炼在一起的东西，而遂行于熔炼在一起的"化育"状态，便是"修"。

3. 元艺术即尺度的终极天性

如果说艺术的前两个定义阐明的是艺术所通达的第二尺度基本心智效应的话，那么这个定义通向的就是元尺度背后能够通达的终极真理尺度的最高心智效应。

海德格尔所述"艺术是真理的原始发生"，它所表达的其实是，艺术作为元尺度的心智效应，是理性尺度的存在者真理的原始发生之源，即存在的原始发生的（更大）尺度天性；然而，真理不是一锤子买卖，一旦得到便无后续，总有在更大尺度的真理，即在更大感知层次下呈现的真理，艺术便是这些真理信息最初始的发生方式与展现视域。就此而言,"艺术是真理的原始发生"是一种"自指"的表达,它指向的是真理原始发生之原始发生,即作为真理尺度之真理尺度的最终元尺度:全息。在东方的原生视角,全息即周易,周易即如来藏的"空"性,即最根本的尺度天性。从而,艺术的终极内在禀赋通达的便是终极的全息尺度,那么,艺术的终极禀赋代表的是人类探索直指全息的极限直观活动,从信息态的视角来说,艺术的最终本质就是探索与展现作为尺度的全息信息——元信息。当然,这种"元信息"并非毫无任何根基与意识线索的玄奥的东西,而是连续深入运行心灵先天结构的自然呈现,就此而言,在东方的原生视角里,直指开悟的特定冥想或修行方式即是获取并融通元信息的方式——一种运行极限直观的极致艺术的方式。就这个角度来看,以一种稳定经验的拓扑线索而探索或触及元信息的活动,将是在新时代判定人成为人的最核心与最终的方式;而这种触及元信息的活动也许未来将成为人类区别于人工智能而与之社会协作的展现人类不可替代价值的新的社会大分工。在东方原生文化中,关于"元信息"的这种基于稳定心智线索的探索活动,在东方禅宗"无门关"中留下来非常丰富且生动的案例,在此就不赘述了。

于是,从此以后,人类当然可以进行多个感知层次的直观探寻活动,在其中,只有那类触碰人的最极限感知层并在意识或直观中进行全息信息组织的活动才可被称为艺术活动,或者说,在那个时候,"艺术"这个概念将转变为另一种更加高维的语境。因此,艺术作为全息尺度的天性本身,也便是人性探索元信息之极限直观的首要界面。就此而言,由元宇宙的"元艺术"所开启的人性领域将更是一种展现最高真理尺度的终极自由之地,而这种终极自由便是东方语境中的"自在",于是,元宇宙艺术便是新的自在之地,由之打开的心智模式便是最终的元分身。

附录二
元宇宙美育实践手册

本手册提供8种类型共16个艺术创作实践案例，不仅可以自己使用，绝大部分也都适合作为家庭亲子互动的方法。手册以"分身"为主题，呼应前面各章节的内容，深度融合想象力和表达力实践，从极简的对话游戏到复杂的数字艺术品创作，逐级提升，渐入佳境。

分身：元宇宙艺术的打开方式

开启元宇宙之旅

·主题：元宇宙，远在天边，近在眼前

元宇宙在哪里？元宇宙已在现实中。

进入元宇宙的入口在哪里？裸视 3D 屏、VR 眼镜、仿真机器人、脑机接口……这些都是，也都不完全是。

元宇宙真正的入口只有一个，就是你的"认知"；元宇宙所有场景的密码也只有一个，就是你的"创造"。事实上，即使完全没有数字设备，我们依然可以开始理解并提升元宇宙认知能力，体验并训练元宇宙创造能力，收获成长的愉悦。

敢问元宇宙路在何方？路在眼里，路在手中，路在脚下，实践出真知，创造即永恒。我们就从这里开始。>>>

分身：元宇宙艺术的打开方式

想象力对话 1

· 主题：打破边界，看到事物的多元意义
· 副题：这不仅是……，还是……

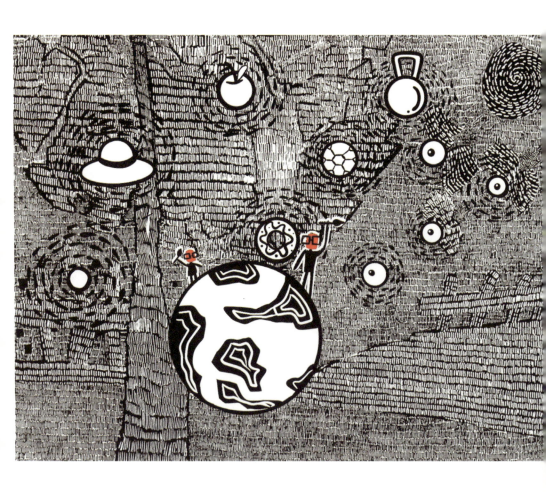

附录二
元宇宙美育实践手册

想象力是元宇宙生存的基本素养。

在日常生活场景中,家长可以选择一个简单物品作为道具,和孩子展开对话,激发彼此的想象力。双方用固定句式轮流发言,描绘物品更多的可能。以勺子为例:"这不仅是一把勺子,还是一把锅铲","这不仅是一把锅铲,还是一架滑梯","这不仅是一架滑梯,还是一支球拍"……

拿起身边一件物品,开始想象力对话,争取超过 10 个回合! ＞＞＞

分身：元宇宙艺术的打开方式

想象力对话 2

- 主题：穿越边界，感知每个人的多样可能
- 副题：如果我是……，那我就……

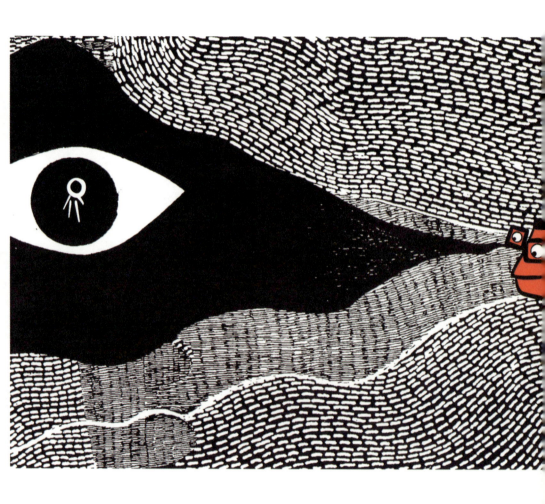

想象力不仅可以描绘世界,更可以聚焦自己。

在日常生活场景中,家长可以选择一个物品作为道具,开展极简的角色扮演游戏,激发彼此的想象力。双方用固定句式轮流发言,描绘自己更多的可能。以一瓶矿泉水为例:"如果我是消防员,那我就用它来灭火","如果我是园丁,那我就用它来浇花","如果我是厨师,那我就用它来做冰激凌"……

拿起身边一件物品,开始想象力对话,争取超过10个回合! ＞＞＞

分身：元宇宙艺术的打开方式

简笔绘画 1

- 主题：元宇宙时空，无中生有，始终合一
- 副题：莫比乌斯就是虫洞的入口

莫比乌斯带，一条边，一个面，却讲述着一个关于"无限"的故事。

在纸上画一个无限符号，或大或小都可以，以此为基础添加笔画，不断延展出新的形象。如果把每一阶段的图像拍照后连起来看，或许能感受到一个元宇宙世界的诞生……

拿起笔，开始画吧！＞＞＞

分身：元宇宙艺术的打开方式

简笔绘画 2

- 主题：混沌、凌乱、嘈杂、郁闷……，我明白了！
- 副题：在龙卷风中发现自己的天赋

每个人都有"化腐朽为神奇"的能力，只是很多人不常用，埋没了它而已。

闭上眼睛，用笔在纸上任意涂鸦，比如画一堆毫无头绪的圈圈。然后静静地观察与思考，在这个混乱的基础上继续画，只添加不擦除，让整个画面呈现出越来越清晰的意义……

拿起笔，闭上眼睛，开始画吧！＞＞＞

分身：元宇宙艺术的打开方式

分身讨论 1

- 主题：战吗，战啊，谁说站在光里的才算英雄
- 副题：游戏荣耀，我的存在

游戏不仅是一个产业，更是现代人难以回避的生活方式。在游戏中获得成就感，乃至成为名扬天下的英雄，似乎比在现实中容易很多。

游戏中的账号和我们自己，是怎么样的关系？我们在游戏中的成就感，是真的还是假的？我们在游戏中获得的知识、技能、经验、理念，在现实社会中会发生怎样的变化？……这些话题，可以和朋友讨论，更值得与孩子交流。

找到一个适合的游戏，最好是角色扮演类游戏，开始讨论吧！＞＞＞

分身：元宇宙艺术的打开方式

分身讨论 2

- 主题：如何知道我是我，唯有数字能证明
- 副题：嘿，朋友，这个 ID 就是你么？

我们无时无刻不处在社交网络之中。在我们社交软件好友列表里，既有熟悉的亲友同事，也有不认识的人，还有营销马甲和社交机器人。

我的社交账号能代表我么？昵称可以用来算命么？如果我的账号自动给其他账号发了信息，算我说的话么？我要为此负责么？我怎么知道屏幕里和我聊天的是谁呢？社交账号可以继承么？我的社交分身可以永生么？……

随便选个问题交流，或者听听孩子的观点，也分享下自己的思考。＞＞＞

分身：元宇宙艺术的打开方式

观影分享 1

·主题：我们总是喜欢用隐喻来表达内心的忧虑
·副题：电影里的故事，说是就是，不是也是

如果感觉孩子年龄已经适合，可以一起观看《黑客帝国》这部电影，尤其是第一部。

影片中的两个世界，哪个是真实，哪个是虚幻呢？切换不同角色，答案会一样么？主人公追求的目标是什么？那个反派人物为何可以进入别人的身体？怎么理解那个巨大的生育机器，它存在的意义是什么呢？……

当然还可以让孩子提问，就这么轻松地开始聊天吧！＞＞＞

分身：元宇宙艺术的打开方式

观影分享 2

- 主题：元宇宙时代，人性会变化么？
- 副题：化身数字的我们依然追求成就，渴望爱情

如果感觉孩子年龄已经适合，可以一起观看《头号玩家》，这是典型的元宇宙主题影片。

你觉得未来世界会是这样的景象么？VR游戏的影响力会这么强大么？你愿意居住在那样的铁皮屋里么？主人公为何能赢？那个反派的公司在现实中可能存在么？两位主人公的爱情真实么，他们在一起会幸福么？……

尝试代入电影中的不同角色，或者回到现实中，扮演作家、导演、影评师等角色，感受或许完全不同。聊天的过程比答案更重要，看看孩子会提出怎样的问题，是不是更有意思呢？＞＞＞

分身：元宇宙艺术的打开方式

虚实体验 1

- 主题：元宇宙数字艺术已经风起云涌
- 副题：以艺术的名义沉浸在数字中

附录二
元宇宙美育实践手册

艺术是客观实在，还是主观感受？艺术真的可以被数字化么？

在数字博物馆里参观数字藏品，你会感到在与古人对话么？尝试参观数字艺术展，你会感觉自己身在幻境之中么？如果你已经购买了 NFT 数字藏品，会把它当作艺术品欣赏么？通过智能程序随意生成画作或音乐，算是艺术创作么？

选择任何数字艺术形式，尝试体验下吧！＞＞＞

虚实体验 2

- 主题：数字化的地球或许就是元宇宙前奏
- 副题：欲穷千里目，还要更上一层楼么？

无数人都有成为宇航员的梦想,从太空俯瞰整个地球,使用模拟软件,其实很容易实现。

请尝试在地图软件中选择卫星模式,像鸟儿一样俯瞰大地。或者使用街景地图,在城市中数字穿梭。通过浏览历史卫星地图,还能感受沧海桑田与城市扩张。尝试使用谷歌提供的 3D 高清实景地图,感受如何?观看 360 度风景图片或者景区实时视频,能否感受到数字旅行的美妙?……

打开软件,开始体验吧! >>>

分身：元宇宙艺术的打开方式

编写故事 1

- 主题：把想象的碎片连起来就是故事
- 副题：哆啦A梦，是什么级别的人工智能?

附录二 　分身
元宇宙美育实践手册

始创于 1970 年的动画片《哆啦 A 梦》，承载了无数孩子对未来的美好想象，其中幻想的数千种未来道具，有些已经实现了。

尝试模仿原作的特点，和孩子一起编写一集机器猫的故事吧！希望能呼应本书的主题"分身"。想象大雄正在家里写作业，而这时另外一个大雄在房间外敲门……

如果还没思路，那就先看上一集，然后再开始编故事吧！＞＞＞

分身：元宇宙艺术的打开方式

编写故事 2

- 主题：数字孪生是元宇宙里最严肃的课题
- 副题：经历 72 般变化之后，孙悟空领悟了什么是空

谈到"分身"话题，大家瞬间就会想到孙悟空的毫毛，或者真假美猴王的故事。

尝试模仿《西游记》的风格，和孩子一起编写一篇新的西游故事。在这个故事里，孙悟空不得不再次拔下毫毛，变出几十个唐僧，然而事情的发展却远超他的想象……

大胆创意，你就是现代的吴承恩！ ＞＞＞

分身：元宇宙艺术的打开方式

数字形象 1

- 主题：元宇宙时代，数字形象还会有美的标准么？
- 副题：无头像，不社交

几乎所有社交软件都要求用户设置头像，方寸之间大有讲究。如果孩子已经有了微信，这个话题会比较有趣。

遮挡住昵称，还能知道每个头像是谁么？头像有哪些类型？有谁经常换头像？有谁为头像添加了装饰？最喜欢怎样的头像，最不喜欢的呢？给自己的头像打几分？朋友们会因为自己的头像更了解自己么？……

给孩子解释下，你为何设置这个头像？ ＞＞＞

分身：元宇宙艺术的打开方式

数字形象 2

- 主题：皮格马利翁爱上了自己的数字孪生
- 副题：永葆青春的秘诀是什么？

附录二
元宇宙美育实践手册

分身

未来的某一年,数字美妆行业的规模或许将超过医疗美容和化妆品市场之和。

你能清晰地描述出自己的容貌与体型特征么?对着镜子,再尝试一遍看看有哪些遗漏?有哪些方面是自己希望强调的,那些是希望隐藏或改变的?这些希望都会体现到数字形象中么?对于这个完美的自己,你觉得有多少朋友可以认出来?……

使用软件为自己设计一个3D形象吧! ＞＞＞

分身：元宇宙艺术的打开方式

VR 创作 1

· 主题：元宇宙可以让我们梦想成真么？
· 副题：数字空间，超越现实

对于刚刚接触 VR 设备的孩子，可以稍微引导，无须刻意培训，观察并鼓励孩子自行探索，经过一段时间的适应和练习，即可掌握 VR 绘画软件的使用技巧，达到一定成熟度之后再提出主题创作的需求。

创作一个虚拟的家，可以要求孩子创造一些现实中不存在的家具、电器或装饰物品，将想象力落实为数字实践。

VR 设备已经比较成熟，可以尝试了哦！>>

分身：元宇宙艺术的打开方式

VR 创作 2

- 主题：数字世界将重塑生命的定义
- 副题：用 VR 致敬《山海经》

附录二
元宇宙美育实践手册

化身

生物学界定义的生命，无法在数字世界存在，而元宇宙数字的丰富生态，必将孕育新的生命机制。

古人依靠想象天赋，用平面绘画和文字，就能创造出精彩绝伦的珍禽异兽，以及光怪陆离的仙界与鬼界。如今我们有了 VR 数字创作工具，能否创造出更加魔幻的世界和更加奇异的生命呢？在这样的数字世界里，我们每个人都可以成为开天辟地的创世之神。

展开双手，开始创造数字生命吧！＞＞＞

分身：元宇宙艺术的打开方式

元宇宙，想象未来，创造现在

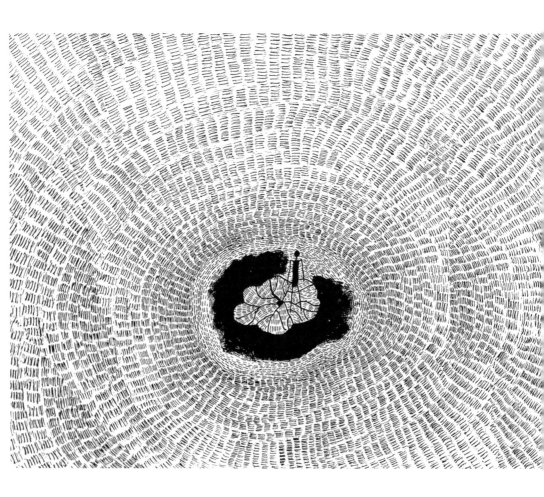

对梦想保持天真的信心，
对真理保持无限的敬畏，
对创造保持永恒的追求，
我们想象元宇宙时代的未来，
我们创造元宇宙时代的现在。

附录二
元宇宙美育实践手册

本手册共提供了 16 个元宇宙美育实践案例，作为方案仅仅是抛砖引玉，无须按顺序逐一尝试，亦无须拘泥于这些场景和工具，每位读者也都可以设计适合自己与家庭的实践方案。综合所有这些案例，我们希望强调三个关键点：

第一，分身。数字世界与现实世界，既有关联，又有分离，幻化出无数互为镜像的身份与角色。对"分身"的理解与辨析，并没有所谓的正确答案，但最终都会回到我们的自我认知，简单归纳为所谓的灵魂三问"我是谁，我从哪里来，要到哪里去"。

第二，想象。元宇宙世界里，感官不再是完全的信息入口，眼见耳听都不见得能够呼应真实世界。正如笛卡尔所说的"我思故我在"，数字时代最重要的生存能力不是"计算力"，那是机器的本分，而是我们的"想象力"，这不仅是我们认知元宇宙的法宝，更是我们驾驭数字世界的秘诀。请保护好您自己以及您孩子的想象力，常用才能常新！

第三，实践。虽然游戏是重要的元宇宙场景要素，但整个数字世界并不是给我们"享受躺平"或者"逃避现实"的安乐窝。无论现实还是虚拟世界，强大的智能算法与硬软件设备，都只是我们的辅助工具，需要我们亲自行动起来，只有身在群体之中才能获得意义感，只有创造才能获得价值感，只有突破才能获得成就感。

本手册视觉部分由宝贝计画创始人杨帅老师与梁丽平、毛鑫苑两位老师共同绘制；文字内容由《元宇宙教育》《家庭教育心法》作者、清华大学美术学院社会美育研究所学术委员李骏翼老师撰写；本手册由清华大学美术学院社会美育研究所学术主持人高登科老师整体策划与统筹。

分身：元宇宙艺术的打开方式

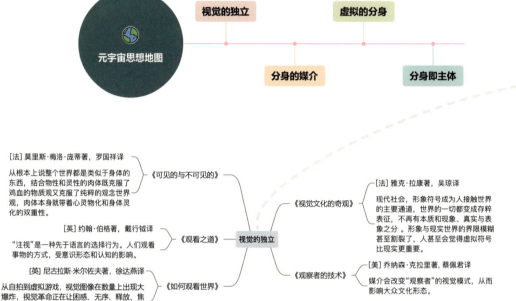

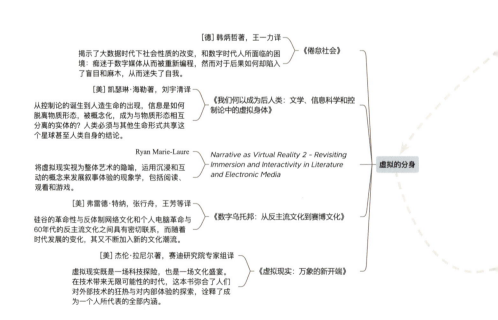

附录三
分身：元宇宙艺术思想地图

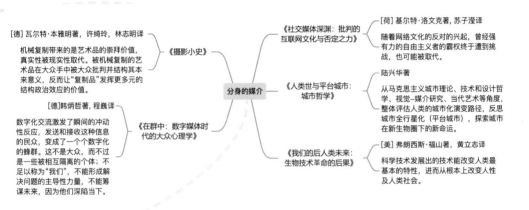

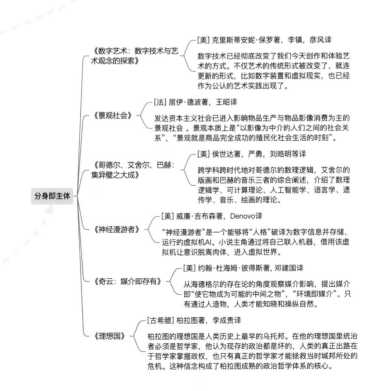

专家推荐

在准 Web 3.0 时代，人人都在谈论的元宇宙一直很难被赋予一个准确的，或者说是达成普遍共识的定义。

一方面，元宇宙所包含的区块链、人工智能、虚拟现实等综合技术，正逐步应用于娱乐、商业、教育等领域，并借此推动着现实世界的运转效率和社会变革。另一方面，在元宇宙所缔造的虚拟世界——一个开放、自由、可信、去中心化的近乎理想的平行数字世界，摆脱了肉身束缚的人类，其想象力所能触达的未来究竟有多远，亦无从划定边界。

从物理层面到精神层面，元宇宙的含义还在不断延展。而《分身：元宇宙艺术的打开方式》一书，将以精神创造力为本源的艺术用作诠释元宇宙的入口，无疑是一次具备突破性质的智力贡献。

从东西方神话、哲学、美术史，到创作的媒介演变、数字科技前沿应用，和伴生的行业生态前瞻，本书借由几位博士书写者扎实的理论功底，身临其境般勾勒，一幅艺术元宇宙全景图的轮廓正逐渐清晰起来。

FUTURE100 指数共同发起人　马继东

本书从东西方文化中人类"分身"的梦想说起，通过分析人类对物理世界的元本体和精神世界的虚拟元体不断尝试沟通的现象，总结出人类不断追求永生，追求本体和精神在时空的不断延伸的渴望，进而指出人类发展进程中"元宇宙"时代到来的必然性。本书后半部分描述了艺术与科技具备相伴相生、相互交融、不断跃升的特点。当今的人类又到了下一个跃生的起点上——元宇宙时代，科技的发展让人类第一次有了作为一个整体进入全新世界无缝沟通的机会。

作为在数字艺术和显示科技行业从业多年的产业人，对元宇宙的认知更多考虑的是可持续性，以及元宇宙和现实世界的可连接性。现实世界与元宇宙不是两个无关联的平行世界，元宇宙应该是现实世界边界的拓展，它会打破人类生活的时空边界，拉长产业链条，创造更多的价值和机会。本书对元宇宙的描述，犹如从二维世界跃升到三维世界一般，给读者带来了更高维度的想象空间。元宇宙将是人类本体和精神世界的一次伟大解放。

京东方艺云科技有限公司数字艺术内容中心总经理
数字艺术研究院（杭州）院长　吕继刚

元宇宙时代的本质值得每一个人思考。它是一次范式转移，同工业革命、信息化革命一脉相承，在人类力量即将发挥到极限时开辟出豁然开朗的新天地，只不过这一次不是机械力或逻辑力，而是审美与想象力。物资繁荣不能解决人类的审美疲劳，元宇宙便是人类对自我的一次极限拉扯。

元宇宙的时代，一方面对我们的空间营造能力提出了更高的要求，另一方面在实时渲染、人工智能、互动等技术的加持上，使得极致空间的营造有了更多的可能性。

本书从历史唯物主义的视角，在千年来危与机的交替周期中捕捉到一条稳步行进的脉络。书中融合哲学、生物学、人类学等诸多学科，立体而多维地审视着时代发展，让人不禁感慨：或许我们的意识早已进入元宇宙，只是我们的环境还有待改造。

放眼未来，我们不禁憧憬，每个人都可以成为元宇宙时代的内容创作者，创造内容、创造故事、创造场景，创作者经济将迎来一个全新的时代。

奥雅设计联合创始人、董事、总裁　李方悦

本书在当下众多与元宇宙相关的主题书籍中独具一格。作者从社会学、美学、哲学、现代科学等多个维度，对元宇宙的内涵及其与艺术的关联进行了深入浅出的分析。书中观念新颖深刻，彰显了作者的理论素养和博学多才，读之畅快。

对元宇宙的憧憬和构建，在人类社会发展面临多重挑战的当下，具有特别的意义。正如书中所言，"当我们说出'元宇宙'的时候，实际上心智就自发地展开了这样的探索与追问了，追问的不仅仅是我们当下所处的这个物质宇宙的更大本质，还追问的是元宇宙得以建构与实现所依赖的科学与技术的更大本质。"我们期待更多的读者能够通过这本书，真正开启追寻真理和艺术的心灵之旅，并成为元宇宙的探索者和建造者。

咖菲科技创始人，MIT 斯隆管理学院院董　石岚

　　拜读完登科兄的新作，掩卷思之再三，感觉其开篇就对东西方有关"元"的概念进行了深入透析，厘清边界，洞彻内涵，引出"元分身"之论，可谓视角独特，见解独到。继而从"分身"之动能、观念、媒介等多场景描绘元宇宙艺术的奇妙之处，最后畅想"分身"的多种展现形式，与数字世界的有效互动，最终达到元宇宙艺术的自在之境。全书思想之深邃，理念之超前，体系之完整，想象之独特，在目前已问世的有关元宇宙艺术的书籍中实属上乘之作！

中国新闻出版研究院数字出版研究所所长　王飚

　　全书用哲学的思维方式、科学的逻辑架构，来解构元宇宙艺术。"分身""元宇宙""艺术"看似独立的三个关键词，在本书中以"主体""载体""方式"的角色，构筑了元宇宙艺术的完整世界观。有别于绝大多数元宇宙相关的书将"元宇宙"物化或概念化，本书将元宇宙放在人类感知与创造的发展脉络中，作为意识形态完善及提升的进阶阶段。

对艺术及艺术作品的感知与理解，不是定性，而是一个流动变化的过程。元宇宙提供了超越物理空间和规律的场域，分身则是人类将感知和反馈主体向元宇宙这一超物理场域延伸的终端，这种场域和终端的延展，给艺术带来的是更广阔的视角和维度，不仅给予了更多元化的艺术创作空间，同时也赋予了已经创造存在的艺术更丰沛的内涵。

无论你是元宇宙信徒，还是艺术爱好者，跟随作者的"心流"，跳脱肉身的限制，以"信息人"的视角，沉浸于整个没有时空限制的元宇宙艺术空间，相信你可以感受到自我意识与认知拼图一步步完善的乐趣。

数字光年 CEO　蔡亮

元宇宙艺术幻化的"分身"方式，正是为你开启的体验、想象和创造元宇宙艺术的方式。

这是一本关于怎样打开元宇宙的书，也是一本关于怎样打开元宇宙艺术的书，更是一本告诉我们如何用艺术打开元宇宙和用审美体验元宇宙艺术的书。中西方智者对元宇宙的哲学思考、伟大科学家对元宇宙的思想实验、卓越艺术家对元宇宙的隐喻表达、信息技术时代对元宇宙的动态展望，都简洁、明快、生动地呈现在这本新书中。

元宇宙艺术新颖别致的"打开"和"分身"方式，让你与哲学家一起沉思，与科学家一起探索，与技术家一起创造，与艺术家一起想象，与未来学家一起翱翔……

元宇宙之"元"、元宇宙之"宇宙"、元宇宙与元宇宙之艺术、元宇宙"分身"之艺术与美的绚丽宇宙,为你展现思想与艺术、科学与艺术、技术与艺术的过去、现在和未来。

清华大学青岛艺术与科学创新研究院时尚产业研究中心
数字艺术学术主持　管林俊

本书以时间为轴,以哲学史、艺术史和科技史为线索,对比东西方从人本、艺术和科技的角度系统阐释了元宇宙的由来、本质、意义,以及元宇宙艺术的形式和未来发展脉络,提出和论证分身是元宇宙及元宇宙艺术的基点和尺度这一观点,回答了元宇宙时代的艺术是艺术、科学、哲学合一这一命题。书中大量理论结合案例,对元宇宙艺术的创作者、服务者、研究者和投资者,都极具参考和启发作用,本书可谓元宇宙艺术史的开篇之作。

本书首先从东西方文化根源性上探讨元宇宙的起源问题,提出分身是一种心灵打开方式,艺术与科学从融合、分离、再到融合的轮回和演进都是分身的不同形式,是心智的莫比乌斯效应(心智的拓扑效应);接着举例视觉艺术伴随着印刷、摄影、电影及互联网等科技的进步,越来越脱离艺术的形式感,实质是分身与主体的关系以及分身的观念不断演进;继而介绍了元宇宙时代艺术的定义和形式变化、创作媒介特征、表达方式和对现实世界的影响,我们看到越来越多的实体艺术家、虚拟艺术家利用分身创造新的价值和权力,成为元宇宙的造物者,对时下正热的NFT也做了客观和独到的分析;最后论述了元宇宙艺术史的未来,形式主义艺术（白盒子）继续走向终结，沉浸式、主客观融合、跨学科融合的未来场景（黑盒子）将定义元宇宙艺术史的未来。

数字时代当然会出现属于这个时代的数字艺术，作为当代艺术行业的从业者，我们不仅应主动拥抱元宇宙艺术的新形式、新观念，更要看到背后如同本书作者所说的，元宇宙时代的艺术正在出现程序员、工程师和游戏开发者塑造的新美学范式，这将重新定义艺术价值和权力，最终元宇宙艺术会像文中的"数字山谷志"和"元宇宙美育"那样，实现改变现实世界的终极意义。

北京画廊协会秘书长　池刚

元宇宙及加密艺术的概念从去年开始火热，相关科普性书籍也是层出不穷。但本书却完全没有从元宇宙的产业发展线开始阐述，而是通过从哲学、数学、信息论和艺术的上千年发展娓娓道来，讲述了数字化对于人类生活、个人意识和种群发展的必然性和其终极意义，元宇宙发展中的每个技术类产品和内容的产生都在不断历史性地验证这个事实。元宇宙产业还在发展的混沌初期，要想明白当下的格局和未来形式，追溯历史和洞察人类文明、心灵和科技发展史才是解决之道。

清华 x-lab 区块链实验室主任　夏立

元宇宙和现实世界有很多相似之处，也是由人、财、物、组织等关键要素组成。但是在元宇宙中，艺术的价值和影响力，要比现实世界大得多，而且艺术产生影响的方式也与现实世界有很大的不同。元宇宙中人、财、物、组织的设计、展示都不同程度地依赖于艺术创作与设计，对美的诉求、标准及重要性都与现实世界有很大的不同。人作为品鉴艺术的主体，在元宇宙中的重要展现形式就是分身，甚至分身本身就是元宇宙艺术的一种表现形式。这都是理解元宇宙和元宇宙发展机会非常重要的部分。

《分身：元宇宙艺术的打开方式》这本书以分身为线索，深入探讨了艺术、科学和哲学的深层次关系。高登科老师以通俗易懂的元宇宙语言，深入浅出地阐述了艺术、科学的融合，阐释了元宇宙发展的必然性，从艺术家的视角解读元宇宙和分身。如果您想深刻理解元宇宙及元宇宙中的艺术，解读元宇宙中分身这一重要的角色，这是一本非常好的书。

元宇宙教育实验室秘书长，中关村教育投资管理合伙人　于进勇